天下文化

BELIEVE IN READING

林明進 著

起步走・笨・作・文

基礎訓練篇

BEP051

目錄

導論　培養自然而然的寫作力　006
前言　笨先生怎麼教運思基本功？　034

● 語文表達訓練篇　049

擴寫訓練——添枝加葉　050
仿寫訓練——依樣畫葫蘆　057
縮寫訓練——化詳實為簡要　064
續寫訓練——美麗的完成　070
改寫訓練——改頭換面　077
修潤訓練——如切如磋如琢如磨　085

● 觀察力訓練篇 093
視覺訓練——眼觀四面 094
聽覺訓練——耳聽八方 103
味嗅觸覺訓練——舌鼻手足的神奇 112
五種感官訓練——摹寫總動員 120
● 運思訓練篇 127
審題訓練——作文的第一步 128
立意訓練——確立主旨 135
構思訓練——設計藍圖 144
選材訓練——選米做巧婦 155
結構訓練——定一個好骨架 166
寫作順序訓練——殊途同歸 175

文章線索訓練——有頭有緒 182
想像力訓練——一趟自由的飛行 189
聯想訓練——從此到彼的連線 195

● 章法訓練篇 203

開頭訓練（一）——引人入勝的效果 204
開頭訓練（二）——引人入勝的效果 210
開展訓練——孔雀開屏 216
過渡訓練——文章的渡船 223
照應訓練——鸞鳳和鳴 229
結尾訓練（一）——燦爛的落日 236
結尾訓練（二）——燦爛的落日 242

● 修辭訓練篇

● 修辭訓練篇 249
修辭訓練——文章的化妝師 250
譬喻訓練——借彼喻此，馳騁聯想 253
象徵訓練——具體意象，含蘊無窮 270
誇飾訓練——誇張鋪飾，鮮明凸出 281
示現訓練——豐富想像，激發共鳴 296
擬人訓練——將物擬人，極態盡妍 315
映襯訓練——透視矛盾，對照比較 324
排比訓練——接二連三，氣勢磅礴 334
層遞訓練——秩序一貫，適度變化 342
如何使用這本書 353

導論

培養自然而然的寫作力

●先把作文的病灶說給你聽

一 —— 前言

這一套書是給教作文和學作文的人看的，不只是老師可以教學生，父母教子女、哥哥姊姊教弟弟妹妹同樣做得到，只因為我們是以「自然而然」的手法，培養基礎寫作的能力。各行各業的學徒是怎麼學手藝的？我們就是以這種普遍性的經驗基礎來教中小學學生的作文。這就是「培養自然而然的寫作力」，也是「笨作文」作文學習系列的原理原則。這一套書不賣弄玄機、不標榜學問，所有教學策略都是以「簡明扼要」、「一看就懂」的作文方子為本，只要你有心，看完就會教、就能教的作文書。

「培養寫作力」與「鑑別寫作力」，是作文教學要先釐清的兩個觀念。「培養寫作力」是因；「鑑別寫作力」是果。想一想，我們基礎作文教學的核心目標，如果不能讓學子都會寫作文，不就是宣告「培養寫作力」的教學目標失敗了？

長期以來，我們第一線作文教師會不會只是淪為打等第、分優劣的作文工具而已？我們有客觀的評分能力，能分出學生作文能力的高下；然而我們的作文專業教學素養，有沒有讓每位學生雨露均霑？讓每位學生的作文能力都日起有功？在既定的學習歷程上有效而明顯的進步？

我們擔心的是：現行中小學生的基礎寫作力，在教學現場恐怕一直沒有搭上「計劃學習」、「進階學習」、「有效學習」的「培養」列車？如果沒有，那麼口號喊得震天價響、流行全台灣的「寫作素養」，其實就談不上了。

「培養寫作力」的立足點，就是真正落實作文教學。沒有有效的做好作文教學，就是沒有抓準培養寫作力的竅門，這樣，基礎作文就是空的。作文師父沒有領進門，莘莘學子的作文力只有自生自滅，從哪兒去修行呢？有一句河洛話說：「凡事照起工（照起綱）。」就是做什麼事都要按部就班的意思，作文的教與學有「照起工」嗎？

「鑑別寫作力」的出發點，就是驗收或評量寫作成果。沒有讓學生從教師的作文教學策略中找到竅門、學到精髓，學生再怎麼寫，進步都很有限。江湖一點訣，作文也可以一點就靈。甲乙丙丁或ABCD的等第，應該是作文教學檢討的開始，同時也是師生作文互動反省的依據，不應該是現行作文教學的手段。這個認知是不是很重要？

二——基礎作文教學的診斷

(一)出一個作文題目讓學生現場寫，好嗎？

華人地區長久以來寫作文，不管大作文、小作文都是出一個作文題目就要求學生現場寫。我的答案是：「學生憑什麼會寫得好？」可是，君不見，當老師的永遠要求學生這樣寫作文，這是因為老師的老師也是這樣要求，再往前一看，老師的老師，以及老師的老師的老師，都是這樣教的，學生也都是這樣寫的。最後的結論也都是一樣，班上寫得好的，永遠只有那兩、三個。這兩、三個寫作高手，又往往不是老師教出來的。要嘛就是天賦，生來就是特別愛寫能寫，再不就是有家學，阿公、阿嬤一門教員世家，血統純正，源遠流長。其他沒門沒路的當然寫不好，該教的沒有教給人家，寫得好的又不是老師教的，這不是很荒謬嗎？

作文課黑板出個題目讓學生寫，老師以為學生已經會寫，也許學生也認為自己已經會寫。學生看完題目，矇著就寫，埋頭苦幹，這就是我們共同的作文人生。所以，作文不是每況愈下，而是從來就沒有打過底；作文程度不是愈來愈低落，是從來沒有卓越過。想想看，馬步沒蹲好，即使擁有金庸的武功祕笈，練就出來的也只是花拳繡腿。作文基本功沒練成，作文憑什麼會寫得好？沒有真功夫、肚子沒料，作文就成了拾穗簿、剪貼簿、複製簿，台灣的學子寫的都是千人一個樣兒，不就是最好的證明嗎？寫不好的關鍵是：「學生寫的都不是自己要寫的，學生掰出來的也都不是自己想寫的。」

這樣寫了五、六十年，作文只完成了「鑑別寫作力」，沒有完成「培養寫作力」。平日教學現場我們要求學生寫的作文，學生寫完，老師馬上帶回家批閱，是不是跟考場、比賽的寫作態度、要求、寫法都一樣？殊不知國中會考寫作測驗或大學學測國寫作文，那是已經準備好了，接受檢驗評鑑的應考作文。「培養寫作力」，是培養寫作的功夫，要一步一步來，水到渠就成，瓜熟蒂才落。「鑑別寫作力」是學生作文力最後的考查，是客觀的判定考生寫作能力的高下優劣。長期以來，我們是不是錯把「鑑別寫作力」當成「培養寫作力」？也就是說，平日沒有一套培養寫作力的完整計畫。如果我們正視這個事實，是不是應該換個方法，要有系統、有步驟、有順序、有策略、有進階的引領學生進入寫作的正軌？

(二) 作文課違反一般學習的共同原理原則

從小學三年級寫到高中三年級，相信老師都有認真教，可是多數學生作文還是沒有寫好。作文學不好是大家內心的痛，作文寫不好也是學子很自卑的心酸。我們仔細想想，從小三寫到高三，整整寫了十年，作文寫不好，這究竟是怎麼回事？

在傳統師徒制的年代，各行各業學徒學專門技術，一般而言，只要三年就能「出師」了。裁縫師如此、總鋪師如此、鑽石師如此、製茶師如此、製糕餅的、做小吃的……莫不如此。為什麼作文不能三年就「出師」了呢？我們沒有期待作文教學最後要學生個個成為文學大師，只要寫得流利、完整、通順、周密、言之有序、言之有物就行。糟糕的是寫了十年還寫不好，其故安在？

這樣說，如果覺得太世俗，我們來看看書法大師是怎麼學寫字的？

記得我們小一寫字課叫做「描紅」，學生學會簡單握筆的手勢，每週寫一張描紅習字簿的八個朱紅大字；小二換成綠色寫字簿，八個大字有了變化；前四字照描，五、六字變成虛線，七、八字只剩九宮格。小一、小二同樣是描字形，就有了進階變化，學習目標的重點放在「培養趣味」和「克服膽怯」。小三正式開始教書法，「永字八法」是第一課，八個基本筆法先練一學期，接著臨帖——從歐陽詢、褚遂良、顏真卿、柳公權選一家，一臨就是一年半。然後是行書、隸書、草書等各體書法，循序漸進學習。學得好，加上過人的天賦與持續不懈的努力，有人成為書法家，沒成的也能寫出像樣的毛筆字。

書法教育有完整的歷程，由簡而繁，一筆一筆打底，最後學有所成；我們的作文教育欠缺的就是學習的完整歷程，沒有照規矩一步一步來，最後造成多數人寫得不理想，文筆使不上來。學任何技術、藝能都要先有基本功，然後不斷進益，這才是王道。

(三) 千篇一律

在數理學科考試追求公式定理的時代，無形中，學生錯把作文當數理科目看待，永遠只會套公式：不管什麼素材永遠都是四段，不論什麼文體永遠都是起承轉合；第一段總是解釋題義法開其端，最後一段總是要總結法論一論，首尾硬是要呼應呼應。寫起作文缺乏自信，永遠少不了「名言佳句」以來壯大聲勢，永遠舉相同的例子來做佐證，千篇一律，從大江南北寫到台灣頭台灣尾，作文非常炎黃子孫。

大家寫的都一樣，分數等第不就都一樣了嗎？大家引用套用都相同，文章不就缺少了新鮮度、缺少了吸引力了嗎？

千篇一律，一律千篇，讓不同的學校、不同的老師所教、不同的學生所寫，最後三國的作文歸一統，僵化到千篇一律，十足徹底的沒有創造力，有人還會以為這是四平八穩，這是真正無可救藥的寫作窠臼。

(四) 作文不知道要寫什麼？

曾幾何時，「標準答案」成了中小學成績鑑別的依據。在作文也跟著標準化、答案化的學習道路上，學生提筆寫作文的第一個念頭，竟然是「這個題目應該要寫什麼？這個題目一定要怎麼寫？」作文不應該亦步亦趨的謀篇立意，也不應該是相同的選材布局。如果學生能從自己出發，每個人都思考著「這個題目我打算怎麼寫」，作文寫出來的結果應該是「千個人有千個臉兒」，不應該「千人只有一個樣兒」。

文章有文心，人人從心出發，寫自己想寫的，寫自己要寫的，作品自然就能多元呈現了。不從自己的想法出發，一心只想著「應該要寫什麼」的標準答案思維，最後真的就走入「不知道要寫什麼」的死胡同，愈寫愈窘，無力可回天了。

(五)一套寫作公式闖天下

從古代科舉取士以來，咱們這個民族一直都是喝論說文的奶水長大的。台灣從一九五四年第一屆大專四校聯招開始，作文就打了很深的樁。那一年的作文題目是「論四校聯招之利弊」，性質是論說文，從此以後各級考試、各種選才的論文或作文，統統都是論說文。一直到一九九四年，大學學測才呈現多樣文體。

所以，以論說文為架構來教作文、寫作文，成為作文教學的偏方，以論說文來寫所有的文體，自然也就成為可怕的遺毒。每一篇都是起承轉合，第一段都是破題，最後一段都是結論，全篇不是三段就是四段，這不就是另一個新八股嗎？

可是，基礎作文不是有記敘文、抒情文、描寫文、議論文、說明文等等各種文體嗎？每一種文體都有其寫作屬性，怎麼可以「一套寫作公式闖天下」呢！

「一套寫作公式闖天下」，說穿了就是學生練就一套泛泛論說、東拉西扯的寫作公式，不是小故事大道理，就是名言佳句老套路，老師可以這樣教嗎？

（六）好材料不會活寫活用

學生從小背書背到大，沒什麼本領，就只是滿腦子的詩詞歌賦、名言名句；所謂入門的「三百千千萬」，就是專門編給幼童啟蒙的《三字經》、《百家姓》、《千字文》、《千家詩》、《萬事不求人》，讀經背經背得滾瓜爛熟，出口成章，不斷佳句滾滾來，人人掉書袋，老學究、新學究莫不皆然。書讀得多、記得多、背得多，總是好事，但最重要的是要讀活書、要消化、要融會貫通。可惜我們看到的作文，移花接木的多、張冠李戴的多、五鬼搬運的多；說好聽點就是無償的賣弄，說不好聽點就是見縫插針、有隙就塞，好端端的材料弄成塞耳朵的棉花球。

其次，學生讀到好詩或佳句，往往都是生吞活剝。沒有剪裁，拿來就用；沒有消化，整盤端出；沒有融合，硬接硬套。閱讀來的句子和自己的句子要自然合理的組織、沒有接縫的連綴，這個新材料就會成為活的材料；否則就是東拼西湊，不但對文章沒有助益，反而顯得詰屈聱牙，格格不入。

讀一本書沒有萃取精華，讀一首詩沒有鑑賞再創造。這樣子閱讀，讀不出作品的生命力，自然就談不上詩句、文句、名句、佳句的活寫活用了。

（七）文章不合情不合理

記敘文、描寫文、說明文三者屬於客觀性的寫作；抒情文、議論文屬於主觀性的寫作。想寫出一篇好文章，最重要的關鍵，莫非「合情」與「合理」。就基礎寫作而言，最起碼記敘、抒情要真情流露；議論、說明要合理中肯。記敘、抒情、議論、說明都用得到描寫文。

記敘、抒情、描寫，適合做為記敘文或抒情文的共通文字；記敘文以「事或人」（含時、地、物）為主、以情為輔，記敘文如果沒有情就變成記流水帳；抒情文以「情」為主，以「事或人」（含時、地、物）為輔，最後以「情」的昇華為上。抒情文如果沒有記敘文做基礎，就容易淪為無病呻吟。所以記敘文與抒情文，基本上好比是不能分割的連體嬰，只是各有主從、大小、輕重的不同；記敘文離不開情，抒情文也不能沒有記敘（含描寫）。描寫文的性質，比較多的角色是扮演著美化、修飾的功能，在記敘文與抒情文當中，描寫能力好就經常能發揮很微妙的作用（當然也有純粹的描寫文）。

範例 以朱自清的〈背影〉為例——三種文體都自然雜揉其中，表達父愛入木三分，引起讀者的共鳴與感動，是因為抓住人性共通的情感。在情的拿捏上，若沒有適當的引導學生從人性共通的情感去體會、發展，只知徒務渲染的故事、刻意製造聳動的情節，而忽略了人性喜、怒、哀、樂的共通性，結果弄巧成拙、適得其反，形成矯揉造作，就不容易感動人了。

議論文、說明文，都是以「理」為主；議論文以主觀的提出自己的看法為主，說明文以客觀的闡釋道理為主；兩者都是以「理」為重點，用來達到說服別人為目的，這裡就不多說了。

（八）基本認知錯誤，人云亦云

學生若完全在學習過的知識中打轉，沒有從生活中觀察、沒有從思考中沉澱、沒有從閱讀中開拓視野，一切都在「想當然耳」的認知中進行寫作，在這樣的條件下寫作文，就不能高度期待能寫出富有生命力的作品。

比如大家都學過的「雞鳴不已於風雨」，天氣再惡劣，時間一到，公雞自然就喔喔叫，這真的只能說是公雞的精神嗎？只能比喻君子處亂世仍不改其志嗎？雞鳴的真相，不正是公雞自然本能的誘引母雞嗎？

比如「破繭而出」，只能比喻突破困境嗎？破繭而出的真相還有什麼？不能找另外的寫作點嗎？只能從人生哲學思考，不能從生命哲學論述嗎？公蠶蛾、母蠶蛾破繭而出後，發生了什麼事？

（九）揠苗助長，只求速效

任何真功夫的鍛鍊，都是一步一步來，沒有聽說行險僥倖可以贏得永恆的勝利。學作文、教作文也是如此，該有多少時程就必須有多少的時程，該怎麼樣的進階就必須怎麼樣的進階，揠苗助長只有枯死所有秧苗，只求速效是無法完美演出的。

馬步蹲好再練功，這是習武之道；學作文也有「蹲馬步式的作文基本功」，偷跑、走捷徑、揀便宜等等，都不是寫作文的老規矩。「不以規矩不能成方圓」，放眼天下沒有那麼多天上掉下來的東西，一步一腳印就是笨功夫，笨功夫才是硬裡子，硬裡子才是真本事。

（十）**倒果為因，徒勞無功**

「戲法人人會變，各有巧妙不同。」很多人總喜歡拿這一句話來衛護自己的專業能力。這句話並沒有說錯，但得要看是在什麼前提下高唱入雲的，才能支持這一句話的完整性與合理性。

就中小學基礎作文來講，「戲法人人會變」這句話，說明這個人已經懂得「戲法」、已經會變魔術了，下一句的「各有巧妙不同」才會成立。學生學作文如果是一張白紙，我們是否要像小孩長大的歷程一樣，會坐↓會爬↓會站↓會走↓最後才會跑。

現在學作文，動不動就搬出創意、創意、創意。寫文章創意當然重要，先學「創意」再學「基本功」，專新務奇是「捨本逐末」，或者說「本末倒置」，這是險論。先學「基本功」，再學「創意」，這在學習的發展上才算合理。

三——結語

在炎黃文化的人生智慧中，特別注重傳承。中國人有一套中國人的經驗哲學，上一代時時刻刻做給下一代看，從薪火相傳的獨門絕藝到尋常日用的技術本領，都離不開這一套自然而然的學習要領，這一貫傳承的經驗法則都是從踏實的學習中傳授、揣摩。

教者，從簡明精要的理論指導到技巧示範，一一精準；學者，從一點一滴的片段學習到精心模仿，一一到位。師父一段一段的講授，再一訣一竅巧妙示範，學徒一招一式刻意模仿，再亦步亦趨捕捉精髓；然後進入實際操作，修正缺失、反覆練習，務求精熟；大大小小的功夫能巨細靡遺，一切的精巧微妙都止於至善。師父點頭頷首就可以藝成下山，練家子都是這樣練出來的。基礎作文的教與學，不也就是這樣就行了嗎？

●笨笨的從觀察力開始

一——前言

「當寫文章像每天吃同樣的排骨便當，一成不變，文章就索然無味了！」在過去，從小學到國中到高中，國語文的寫作教學，我們的老師沒有時間教，沒有有系統的教。所謂的作文補習班，一個模子走遍天下，猶如一般的排骨便當：睜著眼、閉著想、大口吃，完全一個味。多數學生一說要寫作文，就面有愁容。原因是：

(一)學生不曉得怎麼寫才會好？

(二)學生不曉得怎麼寫是不好的？

學生不是沒有寫作材料，是沒有累積材料的習慣與經驗，久而久之，最後變成沒有寫作的能力。追根究柢，原因是——缺乏發現與缺乏思考。我們今天只選定前者來談，說一說觀察力與寫作力的關聯性。只要是人，都有能力寫出感人的作品，這個潛在的能力，人人都有。既然有，為什麼不開發呢？

二——觀察的定義

什麼叫「觀察」呢？作文教學中的「觀察」，除了有「看」的意思外，還有「調查」、「考察」、「體驗」的意思。要想讓學生寫出充滿生活氣息、富有真實情感的好文章，必須引導學生透過觀察、了解，研究一切人物和事物（含動物、植物、靜物），去了解外在世界、認識生活，從而深刻的獲得寫作材料。觀察可以分為「有意觀察」與「無意觀察」兩種。

(一)有意觀察

「有意觀察」，就是有目的的針對某一事物進行觀察。它常常是根據作文的要求，事先確定觀察的對象、觀察的目的、擬好觀察大綱，並帶好觀察筆記本；然後根據觀察的目的，有重點、有步驟的進行觀察，並且隨時做好觀察的紀錄。這種有意觀察，由於是有目的的，觀察的對象明確，觀察者的注意力也高度集中，因而觀察的效果最佳。

1 為了寫「荷花池畔」，我讓建中學生長期觀察，醞釀期一年三個月。

2 為了寫「逛菜市場」，我先帶領學生到傳統市場分組觀察。

就培養寫作力而言，觀察力是一個最好的開始，也是最具體的開始。

㈡無意觀察

「無意觀察」，是平時在日常生活中的觀察。這種觀察沒有明確的目的，碰到什麼就觀察什麼，有時甚至是對什麼感興趣就觀察什麼。這就要求我們做生活中的有心人，隨時留心觀察身邊的人物和事物，培養敏銳的觀察力。有意觀察打好基礎，無意觀察就形成一種能力。

一個好演員，看了劇本就已領會八九分，馬上能上場，就因為他每天打開眼睛都在觀察。

三——觀察的基本要求

作文教學中的觀察，有哪些基本要求呢？

㈠觀察要遵循順序

「觀察點」是我們觀察事物的立足點，有固定的，也有移動的，要有遵循順序的概念。

1 固定的

就是站在一個地方，按一定的順序進行觀察。如由遠及近，或由近及遠；從左到右，或從右到左；從裡到外，或從外到裡；從上到下，或從下到上；從整體到部分，或從部分到整體等等。如果不按照一定的順序觀察，那麼寫出來的文章就很可能犯了雜亂無章的毛病。

範例 以觀察「小貓咪」為例——這隻小貓咪有長長的鬍子，渾身上下長著白白的毛，圓圓的眼睛烏黑發亮，彎彎的小尾巴一翹一翹的，紅紅的小嘴、雪白的牙齒，像是在對著人笑。在陽光的照耀下，小貓咪的眼睛瞇成了一條縫，身上閃著銀光。

這篇有關小貓咪的片段寫作，就沒有寫作順序的觀念。視覺文字描寫的不錯，但是順序錯亂，破壞了文章的美感。他先寫貓的鬍子，再寫身上的毛，然後寫眼睛，接著寫尾巴，緊接著回過頭來寫嘴巴和牙齒，最後又寫貓咪的瞇瞇眼。短短的一段話，帶給人顛三倒四的感覺，寫得沒有條理，問題就出在觀察沒有遵循順序。

2 移動的

是另一種觀察，由於不斷的移動，觀察的景物就「景隨步移」。因此，進行記敘、描寫時，應隨時把觀察點交代清楚。

範例 以「逛台北一〇一」為例——台北一〇一摩天大樓在信義計畫區內，外觀上共有一百零一層，每八層所組成的倒梯形方塊形狀，來自中國「鼎」的概念。每層外牆均外斜七十度，二十七至九十層共六十四層，每八層為一節，一共有八節。每節頂樓上展開的弧線，帶來蓬勃向上的氣氛，有節節高升、花開富貴的意象。

在記敘時就要交代你是在什麼地方看到的，前面這段資料，是屬於知識性的認知層次，一般學生即便是現場觀察也寫不來。所以就培養寫作力而言，讓學生在指定觀察前，能先有充分的準備，作文的成功率會大大提升，直接或間接對學生寫作的信心，也會有具體的幫助。

接著，就以「在廣場上……我搭上了電梯……我走進了購物中心……在頂樓我看到了什麼……」把觀察點寫清楚了，景物隨你的步伐移動而不斷變化，讀者就不會感到雜亂無章了。

(二)觀察要全面精細

除了要把事物組成的各部分做精細的觀察，還要全面觀察事物發展變化的各個階段，這樣寫出來的文章才會生動具體。教學生觀察一個物體，不妨從身邊找材料。

範例　以觀察「十元硬幣」的教學為例——

1　**步驟一**　在學生沒有準備的情況下，先讓學生閉著眼睛回想，天天在使用的十元硬幣，應該是什麼樣子？然後要求學生以一百五十字至二百五十字，做短文描寫。大部分的學生對十元硬幣的記憶，都是依稀彷彿好像……記憶是模糊、瑣碎、冗雜、不完整的。其他常見的事物也是如此，因為缺乏有意觀察的訓練，所以說不出完整的印象。

2　**步驟二**　讓學生在教室內現場觀察十元硬幣，然後任意由學生做短文描寫，字數仍然限制在一百五十字至二百五十字之間。比起步驟一，有了實物的觀察，對於所要描寫的「物」，就更有把握了。

3　**步驟三**　由老師或父母引導孩子做仔細的觀察，必須照顧到全面與精細，策略上可以採取先概括後精細。

從這三個步驟的實驗與演練，學生就會發現，以前從來沒有好好觀察日常生活中的很多事物，同時也會很開心自己不會再寫得雜亂無章了。以下是參考範例：

它是圓形的鎳幣，有正反兩面。一面是政治人物的圖案，一面標明了它的面值。

正面政治人物的圖案部分：包括上方呈弧形序列、以標楷體標明製造年分〇〇〇年，正中間是〇〇〇先生英挺硬朗的肖像，頭禿、面帶微笑、身著軍裝。

反面面值部分是由三部分構成的：正中間鑄上中文仿宋體「拾圓」兩個大字，國字下方是阿拉伯數字「10」；它們被兩株梅花的圖案包圍著，梅花左右各有一株，由正下方朝左右兩邊延伸；枝幹以裸枝為襯，每一株有五朵梅花，由下而上，呈二——二——一的序列，對稱整齊，枝幹交叉，構成完整的圖案。造型簡單中有變化，眉目清楚。

這樣逐一分解開來，一部分一部分的看，就能看得很仔細、很全面，描述起來就很具體、很生動，同時就不會空洞乾癟了，這就叫做全面而精細的觀察。

也許你會問，那要如何做全面而精細的觀察呢？

1 要觀察事物的全部過程

任何事物的生長發育、發展變化都有一個過程，我們想指導學生全面的觀察事物，就要觀察它生長發育或發展變化的全部過程。如觀察動植物的生長過程、觀察景物的四季變化或早晚變化、觀察一個人思想的轉變、觀察一件事或一種現象的起因、經過和結果。以「登阿里山觀日出」為例：要求學生觀察日出前、日出時、日出後的不同景色。重點是觀察日出時的情形。

2 要從多方面去觀察

事物總是多側面的、多角度的。

範例 以觀察「太陽」為例——清晨剛冒出地平線的太陽是金色的，早晨的太陽是紅色的，中午的太陽不可正視，陽光則是白色的，黃昏時的落日則是橘黃色的。

3 觀察事物之間的關係

任何事物都不是偶然的，即使是偶然發生的事件，也有內在的必然因素。也就是說，任何事物的發生、發展、變化都不是無緣無故的，都有前因後果。任何事物也不是孤立的，它的存在與周圍的事物、環境密切相關。所以觀察一種事物，還要注意觀察它的周邊關係，注意觀察周圍的環境。

範例 若要寫南海學園的相關文章，就必須了解植物園的相關位置——二級古蹟布政使司衙門、植物園標本館、國立歷史博物館、教育資料館、教育廣播電台、藝術館，還有建中、國語實小、農委會等等。

4 要有重點的觀察

觀察事物要全面，但不能平均分配，還必須有重點的觀察，這樣寫作文時才能凸顯事物的特點，帶給人深刻的印象。那又要怎樣有重點的觀察呢？

(1) 根據觀察的目的確定觀察重點

範例 以觀察「果菜市場」（萬大路果菜市場）為例——如果目的是要觀察市場的供應情況（颱風天），那就要以蔬果產品做為重點，看產品是否豐富？品種是否多樣？貨色是否新鮮？品質是否優良？市場是否活絡？

如果目的是觀察買賣是否公平？（三星蔥、林邊蓮霧……）經營是否誠信？那就要著重觀察商家經營的態度、經營的品質、經營的作風，看他們是否橫行霸道？是否哄抬物價？是否短少斤兩？是否童叟無欺？是否灌水做假等等。

(2) 根據觀察對象確定觀察重點

不同的事物有不同的特點，觀察時應根據事物的特點來確定觀察重點。

範例 以觀察「樹」為例——同樣是樹，「松樹」的特點是「挺拔→傲岸剛勁」；「柳樹」的特點是「柔細→婀娜多姿」。這樣觀察，那麼「松樹」的觀察重點是「樹幹」；「柳樹」的觀察重點則是「枝葉」。

(3) 在全面觀察的基礎上進行重點觀察

很多事物的特點，並不是在觀察前就能確定的，往往必須透過全面的觀察，才得以認識清楚。因此，必須在全面觀察的基礎上，深入的對最具有特色的部分或面向進行重點觀察。

範例 以觀察「爬山虎」（蔓藤類）為例 —— 觀察「爬山虎」時，我們會先看到「爬山虎」生長的地方，再看到「爬山虎」的葉子，等到又發現了「爬山虎」的莖上有「腳」，最後將「腳」做為重點來觀察，看它是怎麼生長的、怎麼爬的，最後觀察腳的變化和作用。

5 抓住重點深入觀察

觀察的重點確定以後，就要對重點部分進行深入細緻的觀察，確實掌握事物的特點。

範例 以觀察「三星鄉的上將梨」為例 —— 觀察上將梨自然要以「梨」的果實做為重點，從它的形狀、色澤、滋味等幾個方面進行細緻的觀察。

(三) 觀察要抓住特點

什麼叫做特點呢？簡單的說，就是這個事物具有其他事物所不具有的東西。世界上的事物千差萬別，只有掌握了事物的特點，才能真正認識事物，也才能把事物的真實面貌反映出來。

事物的特點、人物的性格、事件的意義往往表現在細節上。以「今天我餵雞」這個主題為例，初稿和經過提示、重新觀察後的修正稿，就大大不同了。

今天我餵雞（初稿）

今天我打開雞窩門，小花、小白、小黑一起擠了出來，抖著羽毛，拍著翅膀，牠們一窩蜂的向食槽跑去，咕咕的叫著。

我走進雞寮，雞馬上追了過來，圍著我，跳著搶著吃。沒多久，雞全吃飽了，有的向窩裡走去，有的在牆腳下晒太陽……

優點　能運用很多鮮明的動詞來表達。

缺點　沒有根據文章的大小輕重來表現細節。

修正　要求學生進行第二次觀察。

今天我餵雞（修正稿）

我打開雞窩門，雞馬上擠了出來。不好！「小花」和「小白」卡在門那兒了！我把牠抱出來說：「慢慢來，不要急，不要把身體卡壞了！」最後出來的是「大公雞」。牠走出雞窩，先抖一抖身上美麗的羽毛，再拍一拍翅膀，然後就在柵欄裡追著玩起來。

早晨，燦爛的陽光照在雞身上。小黑變成紫檀色了，顯得格外溜亮；大公雞身上的羽毛光鮮亮麗像錦衣似的。牠叫起聲來：「喔——喔——喔！」那威武的樣子，活像個大將軍。

牠們一窩蜂向食槽那邊跑去。小黑跑在最前面，可是到那裡一看，槽裡什麼也沒有，都大失所望，向我咕咕的叫著。

我拿著食槽，心想：「多餵牠們一點吧！好讓牠們多下幾個蛋！」於是就多抓一把玉米，撒在槽裡。

我端著食槽走進雞柵，雞馬上追了過來，圍著我，又是「小黑」跑得最快，還跳上來搶著吃。我把牠趕了下去，說：「擠什麼！你就是太貪吃，罵你多少次了還不改！」

我把食槽放下，牠們馬上把頭擠在一塊搶著吃。小黑太調皮了：牠蹦到槽裡，攪得別的雞也吃不好，還邊吃邊刨出來，玉米滿地都是。我看了有些生氣，就把小黑抱走了，把乖寶寶小白放進去。

過了一會兒，雞全吃飽了。愛下蛋的小花、小白慢悠悠的向窩裡走去，準備下蛋。小花一邊走一邊向四處張望，彷彿想挑一個好地方呢！不愛下蛋的雞就趴在牆腳下晒太陽，大公雞脹紅了臉，英朗挺拔，來回踱著方步……

範例 以觀察「烏龜翻身」為例——烏龜翻身有牠的特點，牠先是伸出頭頸朝地上一頂，四肢一划，然後硬殼一弓，身子就翻過來了。

烏龜翻身的樣子，便是牠的特點，只有觀察時抓住了特點，作文才能寫得逼真。

如果觀察烏龜可以這麼形象化，那麼周遭還有很多值得觀察的事物。別忘了，事物的特點、人物的性格、事件的意義往往表現在細節上。

又如：對單一人物的觀察——

一個星期天，小明和小華兄妹倆在家。一位客人來找他們的爸爸，一看大人不在家，說了幾句話就走了。等爸爸回來後，小明急忙告訴爸爸有人來找，但忘了問對方的姓名。爸爸問來人什麼模樣？小明說：「一個老伯伯，大約五十多歲，穿一身藍色工作服。」爸爸聽完後怎麼想也想不出是誰？這時小華開了口：「爸爸，這個人高個子，頭又圓又大，黑黑的臉有疙瘩，絡腮鬍子特別濃，一說話牙齒全露在外面，左手吸起菸來一口接一口。」爸爸又追問一句：「是不是說起話來特別快？」兄妹倆齊聲回答說：「對！」爸爸恍然大悟，說：「我知道了，他是我們車場的活張飛——林一刀。」

我們可以發現：小華對於細節的觀察以及人物的特點，比起小明來就強多了。

又如：對人物群體的觀察——

我們這個班，在學校裡算是很有特色的一個班。以同學的高矮胖瘦來說吧！就有幾個超強的。六年級五個班的全體同學往操場上一站，最高的是我們孝班的古木，一柱擎天；最矮的也在我們班，那就是小黑了，沒注意看，還以為他的位置沒人站呢！要說胖的，上百公斤的小肥當之無愧；要說瘦的，小竹竿瘦得皮包骨，活像一隻小猴子似的，沒人能跟他比。另外，還有兩個特別人物，說起話來嗓門特大是小黃，許多人同時說話，他的噪音一定最先傳入你的耳朵，我們都叫他「高音喇叭」；說起話來聲音最細的是「小蚊子」，只有靜得連一根針掉在地上也聽得見響的時候，大家才能聽得到他說話的聲音。他們各有姿態，各具特點，你說，我們班不是很有特色嗎？

這篇作品對於班上同學的觀察，是不是已經非常成功的抓住人物的特點？

(四) 觀察要五官並用

想要觀察深入，不但要用眼睛看，還要耳、鼻、舌、口、身並用。請看下面這篇短文：

媽媽端著一小盤花生米走進廚房。花生米那一個個小小的橢圓形身上，穿著粉紅色的外衣。媽媽把它們一股腦兒倒進了滾燙的油鍋裡，鍋裡便劈劈啪啪的響了起來，不時還有幾個「調皮鬼」蹦蹦跳跳的。媽媽將鏟子不停的翻炒著，不一會兒，花生米那粉紅色的外衣變成了紅色的油外套，並且發出「吱吱吱」的響聲。這時媽媽把它們鏟到盤中，又往上面撒了一些玉屑似的精鹽，一股香味直衝鼻孔，真讓人垂涎欲滴，咬一口真叫脆，吃一粒滿口香。轉眼間，一盤花生米被我一掃而光。

作者為什麼能把花生米描寫得如此生動？因為他運用了自己的眼、耳、鼻、舌、口、手、足等各種器官，進行細膩而精采的綜合觀察。

四——結語

出一個題目，馬上叫學生現場寫作，憑什麼學生作文會寫得好？先教「創意」，不教「基礎寫作」，學生憑什麼作文會寫得好？六十多年來我們教學生寫作文，都是讓學生第一次上投手丘就要他馬上成為王牌投手。寫作的問題就出在老是從檢驗學生的能力出發，沒有從培養學生的寫作能力開始。從現在起，就從觀察力起步，一步一腳印，做好觀察力訓練，讓學生進行寫作之前，有完整醞釀的過程，這才算是蹲好馬步的寫作基本功。

●觀察力基本功

所謂「觀察力基本功」，就基礎觀察能力的培養來說，可以引導學生發揮各種感官的觀察力。讓每個人善用眼、耳、口、鼻、手、身體的感受，發揮視覺、聽覺、味覺、嗅覺、觸覺等等的寫作效果。對於學生來說，寫作的最基本能力就是培養敏銳的感受能力。然而養成這種能力，除了仔細運用感官的觀察與感受外，並沒有更好的途徑。

觀察力的首要訓練，就是視覺能力的培養。引導學生對於身邊的事物仔細體會，觀察它們的形狀、紋理、顏色，甚至進一步了解它們背後所隱藏的現象，以及它們的來龍去脈。有了注意觀察、仔細體會、專注追蹤的步驟，就能清晰、明白、逼真、生動的寫出事物的形貌與神態。

同樣的，聲音能帶給人們喜怒哀樂的不同感受。學音樂的人透過聲音，可以完成不同的曲譜；寫作自然也能藉著聲音的感受，轉換成美麗曼妙的文字。大自然有太多美妙的聲音，潺潺的水聲、蕭蕭的風聲、唧唧的蟲聲、呢呢喃喃的鳥語、轟隆隆的雷鳴、喔喔喔的雞鳴……在各種自然的天籟聲中，只要用心傾聽，就能觸動我們的心弦。進行寫作時，如果能充分打開感官的「雷達站」，巧妙的捕捉各種聲音，有了視覺的「色」，加上聽覺的「聲」，文章就有聲有色了。

進行觀察力教學時，要真確的帶領學生開放耳朵的世界，仔細聆聽天籟、人聲、物語……用心聽一切的聲音。學生以前一直忽略的經驗，往往就是最好的寫作素材。

就像視覺、聽覺能力一般，嗅覺、味覺、觸覺等等，同樣具有敏銳的感受能力。不妨有計畫的安排學生，親自來一趟香味撲鼻或者臭氣逼人的經驗，讓學生分門別類的如數家珍；學生也都有啖過山珍海味的經驗或者粗菜淡飯的窘境，無論熟食生食、蒸煮炒炸、南北佳餚、青菜豆腐蘿蔔乾、各地小吃……設法讓學生真實的體會、真實的表達出來；我們也可以刻意安排觸摸特殊事物的奇妙經驗，睜眼閉眼的觸覺，又有什麼不同呢？

學生上自然課或者生物課，都有解剖實驗的課程，需要精準的觀察，才能知其所以。為什麼我們的作文課不能安排動態的觀察訓練？如果你要學生寫一篇植物園的「荷花池畔」，為什麼不能在荷花盛開的春夏之交，帶領學生實際走一趟植物園，讓學生好好觀察一番？如果你的作文教學設計能在秋天、冬天、春天、夏天，就先讓學生分別觀察植物園的荷花池，看秋天的蕭索枯黃、看冬天的寂寥凋零、看春天的初綠生機，然後再看荷團夏意，經過這麼完整又長久的醞釀過程，最後充分發揮觀察力訓練的體會、記錄等綜合成果，結合各種感官總動員的能力，展現觀察力的基本功，這一次「荷花池畔」的寫作，學生的成功率是不是會提高很多？

培養一個成功的作家並不容易，可是養成寫作的基本能力並不困難。第一線的國語文教學工作者，有一個共同的傾向，就是會自然而然的特別關切有寫作潛力的學生，這原本也是很正常的事。但是老師們不要忘了，中小學作文教學的天職，就是要教會、教好每一位學生，讓每一位學生具備起碼的語文表達能力，能夠勝任文字駕御的能力，熟練與生活、社會、人生息息相關的作文能力。

這種基本寫作能力可以從培養觀察力基本功開始，可以從真實體驗開始。有了真實體驗的習慣，就能累積真實的寫作材料，漸漸的，自然也就能寫出令人印象深刻的作品；到了這個層次，離作品感人肺腑的能力就不遠了。

觀察力基本功，可以從感官分項練習開始，逐次鍛鍊成視覺、聽覺、嗅覺、味覺、觸覺等摹寫能力；第二步以兩種感官搭配練習，如視覺與聽覺、視覺與觸覺、聽覺與嗅覺、嗅覺與味覺、聽覺與觸覺……；第三步要求學生「指定」運用三種感官摹寫，或者「任意」運用三種感官進行摹寫；最後，就可以讓學生自由馳騁，進行多面向的綜合摹寫。觀察力基本功訓練得徹底，學生就擁有了具體、鮮明、細膩、靈活、真切的記敘與描寫能力。

這本書標榜讓父母家庭成員也共同參與孩子作文的培養過程；如果父母、哥哥、姊姊，甚至於爺爺、奶奶，都能扮演作文啟蒙的角色，這會是作文教學最大的突破。觀察力的訓練與培養，在家庭日常生活中，是時時可做、處處可做、人人可做，最容易也最自然。從共同觀察開始，慢慢可以發展出共讀、共學、共享，除了從閱讀到寫作之間，可以具體獲得很好的回饋以外，對於親子關係、家庭和樂也會有意想不到的豐收。

前言

笨先生怎麼教運思基本功？

●笨先生的運思基本功

唱歌是快樂的經驗，雖然不是每一個人都能當大歌星，但是人人都能也都會自然而然的哼上兩句；寫作文也一樣，雖然不是每個人都能成為大作家，可是為什麼考完大學國寫、中學會考寫作測驗後，打死也不再寫文章了？是不是可以這樣說：當作文成了為應考而寫的考試作文，作文就漸漸無趣了。

二〇〇三年是台灣國中基測（會考前身）開始取消作文考試的第一年，這讓中小學生一向普遍低落的作文能力雪上加霜。等到二〇〇七年恢復作文的項目，變成加考作文，獨立成為一個考科。從此國中會考國文考科多了一科，稱為「寫作測驗」，測驗時間五十分鐘。

我給高一學生的第一篇作文是出一個「題目」，要求學生寫一句話，三十個字以內，這也是唯一在課堂上五十分鐘的作文習作。要求學生寫自己想寫的一句話，不要蘇東坡說、也不要蘇西坡說，不要蘇南坡說、也不要蘇北坡說，就是要你自己這一坡說。把自己最想寫的寫出來，結果大家寫的都跟別人不一樣，這是作文成功的第一課。

二〇〇七年教育當局眼見中小學教育體系的作文土崩瓦解，百孔千瘡之餘，決定恢復加考作文，「寫作測驗」就是這樣來的。當時台灣師範大學心理與教育測驗研究發展中心為了宣導加考作文的風向球，到各地實施試測，第一篇預試作文題目是「一張舊照片」。

我按照寫作測驗五十分鐘的時間限制，直接要求高一其中一個班的學生模擬試寫，五十六位學生竟然有十一位學生讓外祖母辭世，一位祖母離開人間。很多人假借親情博取分數，後來的〈來不及〉、〈捨不得〉等題，很多考生不也是犧牲了很多親人？可見國中生作文根深柢固的標準化、答案化有多嚴重。

另一個班級我改用《起步走笨作文》的概念來實施。第一個步驟：事先公布一週後要寫的題目為「一張舊照片」；第二個步驟：讓學生回家利用一個晚上的時間，好好找一張自己覺得記憶最深刻的舊照片；第三個步驟：將確定好的這張舊照片貼在作文紙（簿）上；第四個步驟：開始實施運思的幾個步驟，分成五天進行。

（一）**審題**　根據這張舊照片做基礎，進行題目精準的審辨，扼要簡述題目的意涵，確定題目的意思，然後決定題目的文體，一一審辨無誤。

（二）**立意**　由於每個人的照片不同，立意自然不同，要求每位學生寫定這一篇文章所要呈現的意旨，是親情、友情，還是師生之情？是初戀情人的背影、還是和珍愛寵物的留影……。要求學生確立大方向的規劃。

（三）**構思**　立定主意之後，接著就要求學生構想思考這一篇要怎麼進行細部設計？

（四）**選材**　決定故事大綱，故事情節的安排要處理妥當，完成進行寫作前的雛形。

（五）**結構（布局）**　擬訂好怎麼敘寫這張照片所要表現的謀篇安章。接著決定寫作順序的進行，主敘述打算採取順敘或倒敘，插敘的材料怎麼計畫？哪些部分詳敘？哪些部分略敘？要由景入情、由物入情，還是由事入情？開頭結尾怎麼安排？故事的線索怎麼發展？人物主從、輕重怎麼決定？段落怎麼過渡？故事怎麼開展？整篇文章如何巧妙鋪排？記敘、描寫、抒情要怎麼合作演出？一切進行妥當後，最後再從容進行寫作，經過這樣指導的過程，比第一班學生的寫作成果好太多了。

《起步走笨作文：基礎訓練篇》及《起步走笨作文：進階技巧篇》這兩本書就是教學生寫作的基本功夫。寫一篇作文基本必要的完整流程。我以拆解的細部訓練做基礎，讓每一種功夫都純熟到位，每一種寫作策略都有板有眼。第一本基礎訓練篇和第二本進階技巧篇，都像爬樓梯一樣，一階一階往上走，不能踩空了。

●笨先生怎麼教「審題」？

審題不就是審辨題目嗎？這有什麼好教的？這是作文的第一課，當然要好好教。有一位權貴之子，當年就把「一場及時雨」當成「及時雨」來寫，這兩者有什麼不同？「一場」是（數）量詞，「及時」（的）是形容詞，「雨」是名詞，就文體的審辨來說，以記敘文兼抒情文，是合理而審慎的結論。「一場」，除了（數）量詞外，還有一個身分，就是限制詞的作用，一場就是一場，不能寫成三場、五場，多寫了就算偏題，甚至是離題。

這位考生以「及時雨」做為審題的標準，最後以論說文進行寫作，隔靴搔癢，自然就寫遠了。反過來看，題目如果是「及時雨」，它可以用詞面的「及時雨」寫成論說文，從「（一場）及時雨」寫成記敘文。前者的審題寫成論說文，這是順理成章的判定；但是也可以思考成「一場及時雨」，這是大題小作，是審題的靈活設計。

「一張舊照片」和「一場及時雨」題目的性質幾乎是一樣的，以記敘文為主，抒情文為輔，是合理的審題。題目如果是「照片」，可以當成「談照片」，寫成論說文；也可以思考為「舊照片」，寫成抒情文；還可以看成「一張舊照片」、「兩張舊照片」、「三張舊照片」等，寫成記敘文。寫成「一張舊照片」要集中焦點，豐富飽滿；寫成「（多）張舊照片」可以分散焦點，多元呈現。然後再參考結合《起步走笨作文：進階技巧篇》的記敘、描寫、抒情等適當的寫作技術，就容易寫得出色了。

同樣的，「一個小人物的故事」寫成「談人物」，不妥；「我在想」寫成「想」，仍然不妥；「雨季的故事」以「亞馬遜河的雨季」、「尼羅河的雨季」、「濁水溪的雨季」、「長江的雨季」組織起來像玩接龍，還是不妥；「衣服與我的故事」，從嫘祖發明養蠶寫到棉織品、絲織品、毛織品再寫到聚酯纖維加工絲，等於寫成衣服發展史，這更是離譜。審題重不重要，就不言而喻了。很多人在這裡翻了船，第一步就觸礁了。

即使題目表面形式的審題沒出亂子，如果還是在套路的框架中思考，仍然會犯「千人一個臉」的老毛病。有一年台北市某高中推薦甄選的國文科作文題目是「人物論」，評審老師群一致認為題目出得好，考生作文一定琳瑯滿目，可看性高。沒想到幾百個考生有八成都寫成「岳飛」和「文天祥」，不是不能寫這兩位民族英雄，因為幾乎都選定這兩人做為題目的主人翁就顯得不合理。究其所以，是由於國中國文課本分別有教過這兩位歷史人物，可見考生寫的人物並不是他們想寫的，這完全是標準化、答案化的僵化思維造成的。

所以光是「審題」每天教十分鐘，我就教了一星期，講授各種不同的文體、題目，大約一百道題，目的就是要讓初學者站穩作文的第一步。讓建中數理資優班高一的作文基礎訓練像小學生啟蒙一樣，從零開始。

●笨先生怎麼教「立意」？

立意就是建立一篇文章的主意（旨），這樣不就講完了嗎？其實立意自然就包含了創意。你問小學生，他們都知道意思，但實際操作起來立不成意的滿坑滿谷。學生不敢胡思亂想，統統都是千篇一律，從台灣頭到台灣尾，從本島到離島。不同的地域、不同的學生、不同的家庭，立出來的意，全是一個味，如假包換。怎麼讓學生敢想，敢自信的想，敢膽大心細的想，真正從自己腦子想出來的主意，自然人人都不相同。

範例 以「我想開設一家這樣的店」為例——這個題目如果能站在比一般學生更高的高度來立意，就有無限創意的空間了，和別人想的不一樣，一下子就能引人入勝。「我想開設一家這樣的店」，自己最愛最美，一生最引以為豪的店；甚至於這一家店，一開就是五百年上千年。那一句「創業惟艱，守成更難」，代代謹慎從事的偉業，就是傲岸的身影。

經營一家店、一個職業、一個志業，這是「事」，堅持才足以幹事。想開成一家像樣的店很難，想開得好一家人人懷念的店更難，想開成百年老店尤難。上一代沒把店開得好，不要氣餒，我們可以另闢蹊徑，再展鴻圖。

開一家「好店」，要有真正的好口碑；開一家「久店」，要有久得有理的形象；開一家「不二的店」，要有經得起挑剔、挑戰、挑釁的包容。開一家「頂天立地的店」，這是「人」，人謀要臧，做得成一個人，這家店就會有「人」氣。

酒帘旗號滿江滿湖，你開的是不是「義氣的店」；爾虞我詐滿天滿地，你開的是不是「正氣的店」；口誅筆伐、巷弄可聞，你開的是不是「和氣的店」；各說各話、水火不容的時代，你開得起「浩然正氣的店」嗎？

新冠疫情瀰宇瀰宙，寰宇諸侯仍在怨懟間砸打別人家的店。台灣雖小，台灣開了一家傲視天下的店，上下一心，心口一罩，連病毒都刮目相看。我們開了一家十分火熱的愛心口罩店。

病毒雖掃遍天下無敵手，然而終將過去。口罩店最大的價值必須是真愛，任何短視，任何權謀，任何近利，任何洋洋得意，都敵不過東逝水，浪花淘盡的是所有的人，我們的店要看得高看得遠，真正贏得歷史的佳話，才是可敬可貴的店。鷦鷯巢於深林，所棲不過一枝；鳳鳥獨高梧桐，美聲不過一鳴。如果百年算一生的永恆，放眼一百年，你打算開一家怎樣的店？

台灣不小，我們想開一家怎樣的店？一家人不談兩家事，大家要平平與安安；我們打算開成什麼樣的店，是一回事；不管哪一朝、哪一代，這家店大掌櫃的算盤撥珠再怎麼算無遺策，黃皮膚的血液裡可要有含蘊深厚的骨氣。

我曾經以北宋的國畫比賽來教立意，腦力激盪的效果很好。

範例 以「踏花歸去馬蹄香」為例——有一天蘇老泉（蘇洵）心血來潮，要求他的孩子們吟詩作對以取樂，限制以「冷」與「香」為鳳尾格做對聯，一家子各做一對對聯：

蘇老泉——水向石邊流出冷，風從花裡過來香

蘇東坡——拂石坐來衫袖冷，踏花歸去馬蹄香

蘇子由——雪片飛來枝葉冷，梅花彈去指頭香

蘇小妹——叫月杜鵑喉舌冷，宿花蝴蝶夢魂香

北宋有一回國畫比賽，就選取蘇東坡所做的下聯「踏花歸去馬蹄香」一句，定為題目。畫生們大多這麼立意構圖：遠處畫一座山，再來畫一間房子，然後一條馬路，一匹馬踏著花很鮮明，馬蹄畫得很精神。結果這些都沒得獎。

「踏花歸去馬蹄香」這七個字，最難畫的是「香」，「香」是「嗅覺」的感受，畫布是「視覺」的表現工具，怎麼透過移覺的巧思來凸出「香」的意境呢？得到第一名的「踏花歸去馬蹄香」，馬蹄下沒有畫花，也就是略去「踏花」的「花」，可是卻在馬蹄附近多畫了一對蝴蝶，他就憑著這樣的創意變化，得了第一名。

這樣畫為什麼會得第一名？詩題明明有「踏花」，沒畫花為什麼會得獎？第一，因為這位畫生畫的是動態的馬，馬奔馳而過，「踏花」已經在前一段完成；第二，這新增的一對蝴蝶，為什麼在馬蹄附近飛啊飛？蝴蝶「逐香而來」，正是表現「馬蹄香」的旨趣。因為馬在行進中，不斷

奔馳的馬，後頭跟著蝴蝶比翼雙飛舞，這是一個美麗的錯誤，這位畫生把「香」畫絕了。蝴蝶聞的香是馬蹄前一段路方才踏過的花，花粉殘留在馬蹄上的香，正是一路誘引這一對蝴蝶逐香而舞的妙趣，蝴蝶還不能附著在馬蹄上呢！立意本來就是以合理而妙的創意為上，立意的好壞是不是成敗的關鍵呢？

●笨先生怎麼教「構思」？

構思就是構想思考。立意和構思之間，好比是大綱和細目的關係。立意如果是一塊地的土地用途，那麼構思就像建築師畫藍圖或室內設計。譬如有一塊三萬坪的土地，要先確定這一塊地怎麼用？是蓋一〇一大樓，還是營建農莊？是蓋學校，還是打造監獄？定案以後，後續才能畫建築藍圖。就文章運思來講，立意之後的下一步就是構思。

範例　以「最遙遠的距離」為例——當年家父因為心肌梗塞住院開刀，取小腿的血管來接心臟。雖然手術成功，但小腿傷口發炎，血塊也需要清理，醫生只做暫時性的縫合，必須進行後續的清創手術，後來總共又進行五次小手術。

每次開刀，我家小犬就背著建中書包，搭自強號回羅東探視阿公。這一段過往，剛好成為當年大考作文累積真切而寫實經驗的好構思。

「最遙遠的距離」這個作文題目，易寫而難工，他得到接近滿分的評價。他以阿公進開刀房猛的回眸，一雙迷茫的眼神為焦點，表現「生與死的距離」。

(一)以描寫醫院白色的牆壁起筆，結合醫師、護士的白袍，並以開刀房外一群一群焦躁而臉色蒼白的陌生人為襯。整體以白色系的悲涼氛圍進行醞釀、鋪陳。

(二)「手術中」三個紅色的大字，是開刀房唯一驚悚而逼人的色調。阿公幾次進進出出手術房，我總是立在牆角，在醫院嗆人的消毒味中，靜靜暗嗅生命的流動，默默目送阿公進手術房，然後翹首望著載有阿公的推床將其送回恢復室等待清醒……

(三)第五次的清創手術依然是週一下午進行，我請半天假。生性多疑的阿公，對於一而再、再而三進出手術房，恐懼感日益加深。護士阿姨推著輪椅，阿公帶著惶恐的神色緩緩往開刀房移動，在轉角沒入開刀房的一轉瞬間，阿公猶豫、膽怯、不安的眼神，停格在我的驚視中……

(四)以追憶的手法，插敘若干真摯感人的祖孫之情。小時候，阿公在我心目中是一座大山，是我小小年紀中，無可取代的巨人。

(五)「手術中」的燈號依然是紅色警戒。阿公偉大的哲學格言，一直是我生命裡很堅毅的印記：「在浩瀚的宇宙中，生命再長都是短的。所以，人不貴乎長短，要貴乎精采……」阿公，生和死是最遙遠的距離，您克服膽怯了嗎？您說過：「學生與學死，是我們一生都要面對的功課……」阿公，不怕！

「生和死」，是最遙遠的距離；護士推動輪椅，時間緩緩的在流動。回眸一瞥，是親情自然的捕捉。

●笨先生怎麼教「選材」？

「選材」直接與內容有關，學生容易忽略這種基本功的培養與訓練。在蒐集與揀選素材的過程中，要找最有利表現的素材，從人性出發，從真善美下筆，就是好方向。議論說明要有理，記敘抒情要有情。如果主題已經確定，主材料也已決定，還要提醒學生怎麼組織多元多樣的細節。選材要「嚴」，不要粗製濫造，也不要濫竽充數，剪裁組織是下筆前的審慎作業。例如：

(一)十個細節材料

(二)剪裁成五個

(三)再修正——變成四個

(四)分出順序——決定詳寫、略寫

範例 以「常常，我想起那雙手」為例——

(一)這個題目以影像畫面式來做鮮明的呈現，是比較討喜的手法。大抵而言，以敘寫鋪陳為主的記敘文，都可以當成電影編導的手法來設計，像影像輸出畫面，最容易也最直接可以達到扣人心弦的效果。

（二）找你最熟悉的經驗，找你生命世界醞釀最深最久最難忘的素材，選定一個焦點人物，好好細膩刻劃，好好盡情寫去，就不難寫成一篇好文章。由「敘事」、「摹寫」到「抒情」，或者「悟理」，面面俱到，有條不紊，也會寫出好文章！

（三）選材除了在消極上要避免離題之外，更要積極的嚴格篩選。選對了、選得好和選得精采，會直接影響作品的發展與結果，不可不慎。以下例子供同學們參考：

範例　一個很尋常的夜晚，月亮高掛，籬落邊秋蟲唧唧，大地睡得很沉。忽然，床搖地動，掛在牆上的、擺在櫃子裡的，匡啷匡啷掉一地，地牛深沉的吼，彷彿天崩地裂，地震來了。……我們家南北向變成東西向，鄰居房子塌了，走了位，開始聽到哭聲。我們僥倖沒事，繞著竹林往右拐，接近茶娘她家，茶影婆娑，隱約聽到她低沉的哀嚎：「我的子啊！我的子啊……」看到我們，她急著瘋狂喊叫：「緊來救伊，緊來救伊……」黑夜的月光下，她徒手挖著土，那雙手血跡斑斑，她邊喊邊挖，兩隻手像個機械臂一樣，掘，掘，掘，不斷的掘。手，沒看她停過……

（四）擁有扎實的寫作力，什麼材料都足以引人入勝。那雙手的刻劃、那個人的故事情節等素材，要好好鋪敘。情感的渲染這個部分，有精細寫作的空間，讓它巧妙又不失自然的跟主題的「那雙手」結合，這樣「人」、「事」、「時」、「地」、「物」、「情」，面面俱到，就可以成就一篇好文章了。文字、修辭、情感，是本篇成功的要素。

●笨先生怎麼教「結構（布局）」？

範例 再次以「常常，我想起那雙手」為例——

（一）這篇文章的布局安排，大略看去，文章的焦點是「那雙手」，所以記敘文、描寫文兩種文體是基本配備。「常常，我想起」，抒情文的分量自然要加重。如果沒有特別的說理魅力，完全放在敘事、摹寫、抒情的文體設計，是比較自然的選擇。

（二）文章開頭可以從那一雙手開始寫起，再由「手」發展→人→情（理）。如果以「那雙手」做開頭，建議起筆就要以精緻細膩的刻劃摹寫入題，展現精巧的寫作力，善用各種文字形式的表現，第一時間就讓你的寫作功力贏得青睞。

不同的人物有不同人物的造型與特質，那一雙手要根據真正的對象去摹寫表現，千萬不可標準化，每一雙手都長得不一樣，遭遇也有不同。要解決這個問題，最好的方法就是寫你熟識的人，根據你長期的觀察，信手拈來，就會栩栩如生。

（三）記敘文的文章開頭，也可以考慮以寫景入題，或記事入題，或抒情入題。根據你結構布局的思考，放膽去設計安排，愈自然愈順暢。不要每次起筆都胡亂的自說自話，瞎扯一陣，這樣文章寫作的壓力就減少了。以一次返鄉祭祖的內心悸動，想起祖母，連結到某一段記憶深處的祖孫情，透過「那雙手」定調，不也是很自然的筆觸嗎？或者以雨景開頭，或者以摸黑回家，或者以青山綠水寫起，當然也可以時空的穿梭變化入手，但是總要與「那雙手」做合理、自然、巧妙的聯繫。

（四）文章的中間部分（第二段以下）段落不拘，可能是三段、四段或五、六個段落。這個部分是文章的寫作重心，記敘事件與描寫人物情景，都必須全力著墨，讓故事情節高潮迭起，讓人物典型鮮明。處理過程要有變化，文章才會豐富、充實，並且感人肺腑，久久不已。中幅這一部分是文章的骨肉，不管是事件、人物、雙手，無論是敘事或描寫，以及你所賦與「那雙手」的具體內涵，都必須裝在這些「豬肚」裡頭。這樣子，這篇文章「常常」、「我想起」，才有真實、豐富、飽滿的情境。

（五）最後一段或末兩段，最好是以感激、感動的情懷來收尾，不論是親情、友情、師生之情……各行各業都有說不完的新鮮故事，也都有娓娓動人的情感，所以處處都是素材，處處都有溫情。殊途同歸，萬變不離其宗，文章最後若能在人性的共通經驗中昇華，它就會震撼人心，引起共鳴。

當然，整篇文章中處處都可以表現情感，不獨只有文章末尾。君不見「由景入情」、「由事入情」、「由物入情」，文章不是隨時都可以展現風采嗎？

● 結語

笨先生從審題、立意、構思、選材、結構（布局）等，針對運思這幾個步驟的基本功，很精實詳細的做了分項講授、片段寫作的示範。《起步走笨作文》這兩本作文啟蒙書，可以準此要領實施。老師們或父母家長們，可以根據教授對象的不同需求，或者生活經驗的地域區別，或者年齡層的不同需要，從單元例子的素材到寫作起步走的練習，都可以靈活調整增減，讓實際的基礎作文教學，發揮最大的效益。

語文表達訓練篇

學習我國語文，語法是最基本的知識之一。
把語法當成基礎知識來學習，
對於文意理解與文字運用的能力，有很大的幫助。
讓學生學好基本語法的知識，對於詞語句子的連綴才能打下扎實的基礎。

- 擴寫訓練
- 仿寫訓練
- 縮寫訓練
- 續寫訓練
- 改寫訓練
- 修潤訓練

擴寫訓練

添枝加葉

●學習主題

擴寫訓練，主要在培養學生能夠具備擴張句子、段落的基本語文能力；進一步達成擴展篇章內容，使故事更充實、情節更豐富的語文表達能力。

擴寫就是在不違背原文大意的前提下，按照所提供的句子、短文添枝加葉，發揮想像空間，增加必要的文字，合理的擴充內容，使得原文由簡單變成豐富的表達方式。

擴寫是語文表達能力的基本技巧之一，從形式上來看，是一種把簡單化為豐富的語文運用。

●寫作要訣

(一)不可以任意改變原提供文句或短文的中心主題，完成擴寫以後的作品，它表現出來的結果，應該是內容更加豐富、情節更加具體，並不是刻意為了擴充篇幅而增加字數。所以，千萬不可拿起筆來就胡扯瞎蓋，完全不去考慮原文的中心主題。任意的增加文字，輕微的會造成文句的蕪亂，嚴重的甚至會離題。

(二)當擴張文句或短文時，首先要仔細的分析哪些地方可以擴充？哪些地方沒有必要擴充？也就是從原文做整體的考量，並不是對原文的所有材料全部打散，把每一句話、每一個情節，都等量的全面擴寫；這種以原汁加水的稀釋、擴充，並不是擴寫的真精神。

有了以上認知後，再來進行擴寫，才能準確的掌握住語文表達的訣竅，也才能真正合理增加內涵。使得原來不夠詳細或者不夠具體的材料，能透過添妝加色而變得多采多姿、琳瑯滿目。

●表現技法

進行擴寫訓練時，要有步驟的擴寫句子、短文、篇章等等，一步一步的練習。

一——基本擴寫的句法

(一)名詞的擴寫運用

用來修飾人、事、物的性質與形狀。(畫線的是修飾語)

例：一個人→一個<u>女</u>人→一個<u>婀娜多姿的女</u>人

(二)動詞的擴寫運用

用來修飾動作或行為的狀態。修飾語可以放在動詞的前面或後面。

例：哭→盡情的哭；哭→哭個夠

(三) 形容詞的擴寫運用

用來修飾形容詞的程度、範圍、時間，或者用來表達肯定或否定、加強語氣等等。

例：漂亮→非常漂亮

從以上三例，可看出名詞、動詞和形容詞在加上修飾語以後，意思會變得更清楚、更精準。

二 綜合擴寫的手法

將以上三種詞性的擴寫運用組合起來，是不是能產生更好的效果呢？

例：原句 小雯／披著／時髦的／圍巾

擴寫句 漂亮的小雯，心花怒放的披著一條媽媽送給她、樣子十分時髦、織工又十分精緻的圍巾。

三 短句擴寫的方法

短句擴寫就是將簡單的短句擴充為比較充實、圓滿的完整句子。

例：原句 西邊的落日

擴寫句 夕陽已經收起它耀眼的金箭，插入了西天的地平線。

四——故事性擴寫

故事性擴寫，往往是提供一個故事綱要，要求將故事做具體的擴寫。

例：原文 宋有富人，天雨牆壞。

短文擴寫 戰國時期，有一家境殷實，生活闊綽的人家，居住在宋國的京城裡。在高大的圍牆裡面，十餘間瓦房組成了「山」字形的住宅群，還有一個十分寬敞的庭院。看得出來，這是祖上傳下來的莊院，圍牆已經有多處顯得斑斑剝剝了。有一年夏天，宋國一帶下起了百年難得一見的大雨。那斑剝的圍牆禁不起連日豪雨的沖刷，靠近後門的地方，竟有一處倒塌了，露出一個水缸大的缺口。

●原則歸納

(一)多元腦力激盪，來增加篇幅。
(二)以具體的實例來代替抽象的意念。
(三)聯想修飾語詞，來豐富文辭。
(四)運用想像力捕捉靈感，來充實內涵。
(五)靈活運用修辭的表達方式，來美化文句。

●寫作起步走

一、單字擴寫：請根據下列單字，擴寫成一個句子。

（一）笑　（二）花　（三）醜陋

二、句子擴寫：請根據括號中的提示，擴寫成通順的句子。

例：原句　他這個人翻臉如翻書，我勸你少跟他打交道。（忘恩負義）

擴寫句

三、連續句子擴寫：試根據括號中的提示，擴寫成通順的句子。

例：原句　新年到了，老老少少穿新衣，戴新帽。（家家戶戶、春聯、鞭炮）

擴寫句

四、修辭運用擴寫：試運用修辭法，擴寫下列句子。

例：原句　每逢定期考試，大家都很緊張。

擴寫句

五、綜合擴寫：請將下列詞語串連起來，並擴寫成完整的句子。

例：原句　球迷／帶著／亮麗的／封王。

擴寫句

六、短句擴寫：下列是一個簡短的句子，請以五十字擴充原意。

例：原句　童年就在補習的歲月中度過。

擴寫句

七、故事性擴寫：下列是一則典故，請以二百字進行擴寫。

例：原句　揠苗助長

擴寫句

●參考習作

一、（一）笑個不停　（二）一朵鮮豔的花　（三）他的言行十分醜陋

二、他這個人很忘恩負義，翻臉如翻書，我勸你少跟他打交道。

三、新年到了，老老少少穿新衣，戴新帽；家家戶戶貼春聯，放鞭炮。

四、每逢定期考試，好像敵軍兵臨城下，大家都很緊張。

五、熱情的球迷，帶著十分亮麗的綵帶，準備為地主隊封王。

六、童年就在各種不同補習班中鍛鍊不壞之身，填了再填、補了又補，一長串的日子就呼嚕呼嚕消失得無影無蹤了。

七、宋國有一位農夫，他擔心自己田裡的禾苗長不高，就天天到田邊去看。可是，一天、兩天、三天，禾苗好像一點兒也沒有往上長。他在田邊焦急的轉來轉去，自言自語的說：我得想辦法幫助它們生長。

一天，他終於想出了辦法，急忙奔到田裡，把禾苗一棵棵的拔，從早上一直忙到日落西山，弄得筋疲力盡。他回到家裡，氣喘吁吁的說：「今天可把我累壞了，總算沒有白費力氣，我幫禾苗都長高了一大截。」

他的兒子聽了，急忙跑到田裡一看，禾苗全都枯死了。

（成語來源：《孟子．公孫丑上》：「宋人有閔其苗之不長而揠之者，芒芒然歸，謂其人曰：『今日病矣，予助苗長矣！』其子趨而往視之，苗則槁矣。」）

仿寫訓練

依樣畫葫蘆

●學習主題

仿寫，是提供示範的例子，要求進行模仿寫作，同時要求仿寫的外在形式與內容架構，都能夠達到「形似」或者「神似」的語文表達能力。

「仿寫」是寫作的基礎訓練，目的是讓初學作文的學生（孩子），進行基本句子仿寫、片段仿寫，進而進行完整篇章的仿寫。所選取的題材，不管是單一的句子、片段的章節或完整的短文，都必須是嚴謹的範例。

●寫作要訣

事實上，學習的最初形式都是從模仿入手，書法、國畫、寫作都會經過這個模仿階段。學生在寫作之初，常有摸不著竅門的窘境，仿寫訓練提供了具體而有依據的實例，讓學生依樣畫葫蘆。

由於有例子可以遵循、有章法可以憑藉，在既定的軌道上可以循序漸進的建立寫作雛形。

「仿寫」雖然是模仿寫作，除了形式上求外形的相似以外，更重要的是，要透過摹擬句法的過程中，觸發創意的腦力激盪；從模仿中迸發創造力，才是仿寫的理想目標。

● 表現技法

一——基本仿寫的句法

這是最常見的基本練習。分類如下：

(一) 照樣造新詞

例1：原句 三言兩語（量詞＋名詞＋量詞＋名詞）

仿寫句 四面八方、三魂七魄、三頭六臂、七嘴八舌

例2：原句 呼風喚雨（動詞＋名詞＋動詞＋名詞）

仿寫句 粉身碎骨、咬牙切齒、扶老攜幼、揚眉吐氣、移花接木

例3：原句 明眸皓齒（形容詞＋名詞＋形容詞＋名詞）

仿寫句 粗茶淡飯、花言巧語、高風亮節、凡夫俗子

(二) 照樣造新句

例1：原句 吃過這家牛肉麵的人，沒有不嘖嘖稱奇的。

仿寫句 上過張老師歷史課的學生，沒有不讚不絕口的。

例2：原句 儘管明天就要段考了，他仍然按照往例，上網打電動。

仿寫句 儘管有颱風警報，他仍然拿起釣竿，到海邊釣魚。

例3：原句 隨著故事情節的高潮迭起，我的心情也跟著起伏不定。

仿寫句 隨著球賽過程的緊張刺激，我的情緒也跟著忐忑不安。

(三) 照樣造新義

例1：原句 檳榔伯的嘴巴

仿寫句 豬肉販的油味、阿公的老花眼鏡、黑道大哥的紋身、戲子的眉宇

例2：原句 最有錢的是儉約的人

仿寫句 最貧窮的是守財奴、最富貴的是清白的人、最悲哀的是逢迎之徒、最沉淪的是貪心的人、最美麗的是認真的人

(四) 照樣修辭

例1：原句 春天像一位小姑娘，花枝招展，笑臉迎人。

仿寫句 夏天像一位紳士，穩重練達，睿智過人。

例2：原句 海是那麼的湛藍，那麼的遼闊，那麼的深不可測。

仿寫句 山是那麼的青翠，那麼的險峻，那麼的高不可攀。

二——綜合仿寫的手法

例1：原句 船航行得再遠，岸，總是跟著。

仿寫句 遊子離家得再久，思念，總是醒著。

例2：原句 你不能永遠第一，但你可以力爭上游。

仿寫句 你不能預知未來，但你可以把握現在。

三——短文仿寫

例：原句 不僅自己運動，還推動其他物體一起運動的是水；經常不停止的尋找出路的是水；遇到障礙則氣勢更大的是水；不僅洗淨自己，還洗刷其他各種污濁的是水。

仿寫句 不僅自己翱翔，還帶領詩人、文人一起翱翔的是雲；經常不固定的探索蒼穹的是雲；遇到變天則馬上變臉的是雲；不僅洗滌自己，還清洗萬物身上的各種塵埃的是雲。

● 寫作起步走

一、請依據下列詞性語法的組成方式，分別仿寫三例。

（一）水落石出
（二）山明水秀
（三）對牛彈琴
（四）亮晃晃的白光

二、請根據畫線的指定詞語，仿寫一個完整的句子。
（一）讀好書，就是和高尚的人說話。
（二）過去的，已成為歷史的陳跡；未來的，尚是個未知數。
（三）就算他再怎麼壞，也不至於毒殺他的子女。

三、請根據下列文句，仿寫一個完整的句子。
（一）人可以平凡，但不可以庸俗。
（二）生命好比是一只箱子，這只箱子裝不下太多的東西。
（三）滿腹經綸的人，往往虛懷若谷；胸無點墨的人，常常好發議論。
（四）青年是鳥，能飛就要飛；青年是雲，能飄就要飄。

四、下列是一篇短文，請體會句法，仿寫一篇。
盼望著，盼望著，東風來了，春天的腳步近了，一切都像剛睡醒的樣子，欣欣然張開了

眼。山朗潤了起來，水漲起來了，太陽的臉紅起來了。（朱自清〈春〉）

●參考習作

一、（一）水落石出：名詞＋動詞＋名詞＋動詞

雞鳴鳥叫、功成身退、土崩瓦解、早出晚歸、水滴石穿、石破天驚

（二）山明水秀：名詞＋形容詞＋名詞＋形容詞

月白風清、月明星稀、口乾舌燥、花好月圓、車水馬龍、雲淡風輕

（三）對牛彈琴：動詞＋名詞＋動詞＋名詞

呼天搶地、囊螢映雪、守株待兔、投鞭斷流、投石問路、推心置腹

（四）亮晃晃的白光：形容詞＋名詞

香噴噴的美食、黑漆漆的深夜、冷颼颼的寒冬、苦哈哈的窘境、喜孜孜的紅顏、光禿禿的荒野

二、（一）1 交好友，就是和美麗的心依偎。

2 做好事，就是和崇高的天學習。

3 說好話，就是和冷漠的心告別。

（二）1過去的，已成為記憶的故事；未來的，還是個夢想國。

2過去的，已成為往日的雲煙；未來的，還是個豔陽天。

（三）1就算他再怎麼窮，也不至於出賣他的良知。

2就算他再怎麼笨，也不至於變賣他的祖產。

三、（一）1人可以落後，但不可以退縮。

2人可以忠厚，但不可以虛偽。

（二）1人生好比是一葉扁舟，這葉扁舟載不動太多的貪婪。

2歲月好比是一縷清風，這縷清風吹不久太長的慾望。

（三）1謙沖為懷的人，往往謹言慎行；好大喜功的人，往往口無遮攔。

2志向遠大的人，往往腳踏實地；目光如豆的人，常常行險僥倖。

（四）1小孩是樹，能長就要長；小孩是水，能流就要流。

2老人是山，能止就要止；老人是石，能定就要定。

四、期待著，期待著，陽光走了，黑夜的身影來了，一切都像剛落幕的樣子，喜孜孜掛起了簾；

夜漆黑了起來，星閃起來了，月娘的臉羞起來了。

縮寫訓練

化詳實為簡要

●學習主題

縮寫，就是在不改變原有文章主題的原則下，將完整的文章內容，做高度凝鍊的濃縮。以簡潔扼要的文字來概括文章的精華，將豐富詳細的文字化為精潔簡要的語文表達能力。

過去學生們的閱讀經驗，大多停留在籠統的認知、模糊的記憶，有堆積材料的能耐，卻沒有將資料整合摘要的經驗。縮寫訓練是資料整合的基本功夫，學生們要仔細推敲、琢磨，培養剪裁、組織、概括、銜接、揭櫫主題的能力。

●寫作要訣

(一)把握要點，保存原貌　縮寫要掌握文章的主旨、內容、重點、關鍵字詞，要求做到把握要點而且能保存原貌。

㈡高度濃縮，簡明扼要　縮寫文字的表達方式，要求高度濃縮、簡明扼要。把詳細具體的敘述，提煉為概括性的說明。

㈢文辭流暢，銜接自然　縮寫要特別注意，重新組織的文辭是否流利通順？文句之間的銜接是否自然嚴謹？

●寫作訣竅

㈠找出關鍵詞句　一邊閱讀時，就一邊將關鍵性的重點文句畫上記號，以便在做最後整理時，能充分掌握重點。

㈡善用刪去法　將次要的、瑣碎的、無關緊要的部分，依照輕重做部分刪減或全面刪減，主要的、關鍵的自然就保留了下來。

●表現技法

一——基本縮寫的句法

㈠省略形容詞的縮寫

例：原句　亮燦燦的陽光，從雲層裡鑽了出來。

縮寫句 陽光從雲層裡鑽了出來。

(二)省略副詞的縮寫

例：原句 白鵝搖搖擺擺的在池塘邊走來走去。

縮寫句 白鵝在池塘邊走來走去。

(三)句義的縮寫 領會完整的句子後，做高度的濃縮。

例：原句 太陽已經西下，夜幕低垂，路燈一盞一盞亮了起來。

縮寫句 天黑了。

(四)主旨的提煉 閱讀後，確立短文的主旨。

例：原句 庾亮有一匹名為「的盧」的凶馬，有人勸他把馬賣掉。庾亮說：「賣了馬，一定有個買的人，這樣又會害了買的人；怎麼可以把有害自己的事轉移給別人呢？從前孫叔敖為了不讓後來的路人再見到兩頭蛇而埋掉牠，成為古來大家所津津樂道的事。我效法他，不也是很合理嗎？」（《世說新語‧德行第一》）

縮寫句 己所不欲，勿施於人。

(五)詩眼的判斷 確立詩句中最關鍵性的字詞。

例：原句 床前明月光，疑是地上霜。舉頭望明月，低頭思故鄉。

縮寫句 思。

(六)**修飾句的縮寫** 進行縮寫時，對於美化的修辭手法要善於剪裁。

例：原句 雪降落在松蘿溪的石橋上了。像柳絮一般的雪，像蒲公英種子飛起來一般的雪，紛紛落在石橋上。橋上都覆蓋著白雪。

縮寫句 雪降落在松蘿溪的石橋上了。

二——綜合縮寫的手法

短文縮寫 摘要寫出原文的大意，字數約五十字左右。

例：原文 由梅台回到慈湖，漫步湖邊小徑。春水拍岸，蟲聲唧唧，野火明滅，倍覺靜寂，山坡上有青竹數叢，高樹數幹。往日父親小住慈湖，黃昏多來此散步，這勁直不倚的青竹，正顯示父親的清風亮節；參天挺立的樹幹，正象徵父親剛直持正、一柱擎天的氣象和德行。

縮寫句 自梅台返慈湖，漫步小徑，四野寂寂。往昔父親暫住慈湖，黃昏散步其間，他的高風亮節，剛直中正，令人難忘。

● 寫作起步走

一、請把握基本縮寫的原則，完成下列句子的縮寫。

（一）彩虹高高的掛在天邊，十分迷人。

（二）淅瀝瀝的小雨，打在窗上，擾人清夢。

（三）他咧著嘴，淚珠一顆一顆的往下掉，坐在地上嚎啕大哭。

二、請根據下列材料，判定它的主旨或詩眼。

（一）壽陵有個少年到邯鄲學走路，沒有把邯鄲人走路的步態學會，卻把自己原來走路的步法忘掉了，只好爬著回去。

（二）千山鳥飛絕，萬徑人蹤滅；孤舟蓑笠翁，獨釣寒江雪。

三、請閱讀下列短文，以五十字左右摘要寫出大意。

如果他能從這扇門望見日出的美景，你又何必要求他走向那扇窗去聆聽鳥鳴呢？你聽你的鳥鳴，他看他的日出，彼此都會有等量的美的感受。人與人偶有摩擦，往往都是由於缺乏那份雅量的緣故；因此，為了減少摩擦，增進和諧，我們必須努力培養雅量。

●參考習作

一、（一）彩虹掛在天邊，十分迷人。

（二）雨打在窗上，擾人清夢。

（三）他咧著嘴，淚珠往下掉，坐在地上嚎啕大哭。

二、（一）邯鄲學步

（二）獨

三、他從這扇門看日出，你從那扇窗聽鳥鳴，各選各的，彼此都有美的感受。培養雅量，可以減少摩擦，增進和諧。

續寫訓練

美麗的完成

●學習主題

續寫，就是將不完整的句子、短文或故事，按照要求，接續完成，以達到首尾鋪寫完整的語文表達方式。

這種續寫文句（或短文）的表達手法，主要在訓練學生們培養組織文句、銜接上下文，以及故事想像的語文表達能力。

●寫作要訣

不管是句子續寫或者短文續寫，學生們要根據所提供的不完整文句，先做仔細的思考，然後再確定如何進行續寫。

（一）**句子續寫**　先注意上下文的句法或特殊句型，再合理的補寫未完成的部分。

㈡**短文續寫** 先確定文章的中心思想和大概情節，再運用充分的想像，安排文章的起承轉合，或者設計內容豐富、感人肺腑的故事情節，要求結構完整，設想最合於文章的發展和結局。

㈢**故事續寫** 在人物、言行、情節、對話、心理活動等方面的設計，要注意立意、構思是否合乎邏輯，才算符合文章續寫的要求。

● 表現技法

一——基本續寫的句法

㈠**基本句子的續寫** 以「即使……還是要」、「只要……就可以」為例。

例：原句 即使已經施打流感疫苗，

續寫句 你還是要盡量少進出公共場所。

例：原句 只要一切準備妥當，

續寫句 就可以開始表演了。

㈡**對偶句續寫** 以對偶的句法，完成下半句的續寫。

例：原句 閃動著，閃動著的，是你的眼睛；

續寫句 流過來，流過來的，是我們的友情。

（三）**對話續寫**　試根據上句的對話，完成最適當的回答。

例：原句　「煩死人了！我們又跟那個討厭鬼分在同一組。」

續寫句　「是啊！那也是沒有辦法的事。」

（四）**詩句續寫**　試根據上句的詩句，續寫一至二句。

例：原句　風從飛機上下來，

續寫句　風的裙子鋪在草原上，風的梳子梳成海的髮型。

（五）**修辭續寫**　以譬喻為例。

例：原句　生了病的樹，需要啄木鳥，

續寫句　就好像生了病的社會需要直言的諍士。

二——綜合續寫的手法

（一）**短文續寫**　請在五十字以內完成短文續寫。

例：原句　一個愛說話的女人，是朵盛開的花，

短文續寫　沒有什麼味道；一個不愛說話的女人，是朵半開的花，沒有人知道它藏著一個什麼樣的花心，最吸引人。

（二）**故事續寫**　請以二百字左右完成故事續寫。

例：原句 古時候，有兩個武士相遇於一株大樹之下，一個武士開口道：「你看見樹上掛的那面盾嗎？」另一個武士答道：「看見了，那是銀的盾。」

故事續寫 前一個武士說道：「不！不！你錯了，這盾是金的。」後一個叫道：「不！不！錯的是你，明明白白是銀的。」這兩人始而鬥口，繼而拔出劍來，為自己所信奉的真理而戰，結果各自受了重傷，倒在地上不能動彈。但當他們倒下時，機會使他們見了這盾的真相，原來一面是金的，一面是銀的。他們各自見了盾的一面，卻自以為自己是對的，別人是錯的，糊裡糊塗打鬥了一場。

●寫作起步走

一、基本句子續寫：請在下列各句之後，接續寫下一個通順的句子。

（一）憑著我的三寸不爛之舌，＿＿＿＿＿＿＿＿。

（二）你有權利保持緘默，＿＿＿＿＿＿＿＿。

（三）只要你把偷去的東西還我，＿＿＿＿＿＿＿＿。

二、對偶續寫

原句 為忙碌的人生找一個注腳。

續寫句

三、對話續寫

原句 「你會這麼講，完全是為了替自己找理由。」

續寫句

四、詩句續寫：續寫兩句。

原句 網老了／魚還年輕

續寫句

五、修辭續寫：以譬喻為喻。

原句 年輕時的媽媽，像一瓶酒；

續寫句

六、短文續寫：請在五十字以內完成短文續寫。

原句 每當月明星稀的夜晚，腦海中總會浮現阿嬤的影像，……

續寫句

七、故事續寫：請以二百字左右完成故事續寫。

原句　我坐在緩緩而動的火車中，望著窗外發呆。……

故事續寫

●參考習作

一、（一）1憑著我的三寸不爛之舌，不到幾小時，就把所有的產品賣光光了。

2憑著我的三寸不爛之舌，我有十全的把握，他一定會答應來你公司上班。

3憑著我的三寸不爛之舌，終於讓一毛不拔的老闆捐錢了，我很開心做了一件好事。

（二）1你有權利保持緘默，否則所說的每一句話都有可能成為呈堂證供。

2你有權利保持緘默，但是我一定會查個水落石出，拆穿你的假面具。

3你有權利保持緘默，但是黑的不能變成白的，天理昭昭，人間還是有公理正義的。

（三）1只要你把偷去的東西還我，我就息事寧人，不報告老師。

2只要你把偷去的東西還我，我保證這件事到此為止，絕不追究。

3只要你把偷去的東西還我，我願意答應你，幫你保守祕密。

二、替美麗的世界尋一個說法。

三、「我也是不得已的。」

四、槍舊了／鳥還青春；屋破了／人去樓空。

五、爸爸嚐了一口／就醉了（何麗美〈酒〉）

六、她活著的時候，經常看到她在縫衣服，八十歲還能穿針線。坐在老舊的板凳上，一針一線彷彿織補著她的晚年……

七、「步步輕嗆、步步輕嗆……」火車聲的節奏依然，有點舊的莒光號像條在山路蜿蜒的蛇，我的心也跟著曲曲折折了起來。離上一次返老家，已經超過十年。坐火車過山洞，丟丟銅仔的民謠從記憶裡搖擺了起來。夕陽的餘暉把龜山島點染得十分老邁，火車繞了好多個彎，龜山島一直蹲在那兒，動也不動，像一位老者在沉思。彷彿想著他在外拚搏的孩子，什麼時候回家？「步步輕嗆、步步輕嗆……」我的心忽然醒了，火車跑得更快了，我盼望的心也跟著焦躁了起來，「步步輕嗆、步步輕嗆……」

改寫訓練

改頭換面

●學習主題

改寫，就是在保持原來句子或短文意思的原則下，將原句、原詩、原文的形式、體裁做不同的改變，培養學習者能夠熟悉各種不同的表達方式。這種改寫句子、詩歌、古文的表達手法，主要在訓練學習者能循序漸進的培養出轉換不同體裁的語文表達能力。

由於「改寫」在形式上做了改變，所以，學習者必須開拓寫作的各種不同方法。因為不同的寫作體裁，有不同的表達方式。因此，在進行改寫之前，一定要先充分了解題目的要求，然後再根據改寫的要領，做最適當而且合理的改寫。

●寫作要訣

一般而言，不管是改寫句子、短文或詩歌，共同點是轉換不同表達形式。從句子前後的移位、變動，到語法、語序的重新安排，甚至允許增加情節、材料，以豐富內涵的改寫手法，學習者都要按部就班演練各種不同改寫的要領。

基本句子的改寫，是入門的功夫，要求精準無誤。應用改寫的難度就比較高。就初學者而言，可以先做好詩歌、古文逐字逐句的對譯，再以優美的文句加以潤飾美化。最後，再進階到把握原作的中心思想下，做適當、合理、必要的增加材料，進行完美的改寫。

●表現技法

一——基本改寫

(一)改寫倒裝句

例：原句 「蒙娜麗莎的微笑」，是她最喜歡的一幅畫。

改寫句 她最喜歡的一幅畫，是「蒙娜麗莎的微笑」。

(二)設問句改為普通敘述

例：原句 如果沒有父母的養育，我們能有今天的成就嗎？

改寫句 沒有父母的養育，我們就沒有今天的成就。

(三)普通敘述改為設問句

例：原句 這次總統大選，是近來最熱門的話題。

改寫句 你知道這次總統大選是近來最熱門的話題嗎？

(四)歸納改寫

例：原句 這家牛肉麵店麵肉多湯濃。這家牛肉麵店價格公道。這家牛肉麵店每天高朋滿座。

改寫句 這家牛肉麵店肉多湯濃、價格公道，每天高朋滿座。

(五)多元改寫

例：原句 爸爸送我一支手機。

改寫句 1 爸爸送了一支手機給我。

2 爸爸把一支手機送給我。

(六)修辭改寫 以明喻和隱喻的改寫為例。

例：原句 大自然好像一部偉大的書，令人愛不能捨。

改寫句 大自然是一部偉大的書，令人愛不能捨。

二——應用改寫

(一)提示性改寫 把握提示的內涵，改寫成一篇完整的短文，字數一百字左右。

例：原句提示 「快樂的祕訣，不是做你喜歡的事，而是喜歡你做的事。」

短文改寫　人生不如意事，十之八九。我們不能奢求所遇到的事，樣樣合自己的心意，若遇到不如意事就抱怨，這一輩子是抱怨不完的。若要自己活得快樂，就必須試著去喜歡所做的事，從其中發覺樂趣，這樣才是掌握了快樂的祕訣。

(二) 詩歌改寫

請將下列詩歌，改寫成流利的白話文。

例：原詩　「白日依山盡，黃河入海流。欲窮千里目，更上一層樓。」

改寫句　太陽依傍著山崗緩緩西沉，黃河日夜不息的向大海奔流。假如你想窮盡目力遙望千里，就還需要再登上一層樓。

(三) 寓言改寫

請將下列寓言，改寫成流利的白話文。

例：原文　蚌方出曝，而鷸啄其肉。蚌合而箝其喙。

鷸曰：「今日不雨，明日不雨，即有死蚌。」

蚌亦謂鷸曰：「今日不出，明日不出，即有死鷸。」

兩者不肯相舍，漁者得而並擒之。（《戰國策．燕策二》）

短文改寫　一隻河蚌剛從水裡出來，正在張開雙殼晒太陽。這時候，一隻鷸鳥沿著河灘飛過來，便用牠那又長又細的尖喙，猛的啄刺蚌肉；河蚌也馬上閉攏，夾住了鷸的嘴。鷸鳥對河蚌說：「今天不下雨，明天不下雨，你就會死在河灘上。」

河蚌也對鷸鳥說：「今天不放你，明日不放你，你就會餓死在這裡。」鷸鳥死命的拉著蚌肉，河蚌緊緊的箝著鷸嘴，誰也不讓誰。這時，有個漁夫走來，不費吹灰之力就把牠們捉住了。

●寫作起步走

一、改寫倒裝句

原句 成龍的《醉拳》，是他最喜歡的一部電影。

改寫句

二、普通敘述改為設問句

原句 天真無邪的小嬰孩，應該是世上最純潔的人。

改寫句

三、歸納改寫

原句 這家KTV音響一級棒。這家KTV房間很寬敞。這家KTV票價當然比較貴。

改寫句

四、修辭改寫

原句 你好像天上的月，我好像那月邊的寒星。

改寫句

五、提示性改寫

原句提示 「印象是別人的，我們無法改變；形象是自己的，我們可以塑造。」

改寫句

六、詩歌改寫

原詩 「空山不見人，但聞人語響。返景入深林，復照青苔上。」

改寫句

七、神話改寫：請以「追太陽的人」為題，改寫成一篇情節生動的語體文，字數在三百字左右。

夸父與日逐走，入日。渴，欲得飲，飲於河、渭；河、渭不足，北飲大澤。未至，道渴而死。棄其杖，化為鄧林（桃林）。（《山海經．海外北經》）

八、寓言改寫：請以「守株待兔」為題，改寫成一篇情節生動的語體文，字數在三百字左右。

宋人有耕者，田中有株，兔走觸株，折頸而死。因釋其耒而守株，冀復得兔。兔不可復得，而身為宋國笑。（《韓非子．五蠹》）

（注釋：1宋人：宋國人　2株：斷樹根　3走：跑　4觸：衝撞　5折：斷　6釋：

放下　7耒：農具　8冀：希望　9復：再　10身：自身、本人　11笑：譏笑、嘲笑。）

●參考習作

一、他最喜歡的一部電影，是成龍的《醉拳》。

二、你知道世上最純潔的人，是天真無邪的小嬰孩嗎？

三、這家KTV音響一級棒，房間很寬敞，票價當然比較貴。

四、你是天上的月，我是那月邊的寒星。

五、人們都喜歡別人的讚美，不喜歡別人的挑剔；這個社會偏偏給掌聲的少，給噓聲的多，所以，我們往往在乎別人對我們的評價。要知道印象是別人的，我們無法改變；形象是自己的，我們可以塑造。不要為別人而活，人要為自己而活。

六、空寂幽深的山林裡看不見人影，只是偶爾聽到有人說話的聲音；落日餘暉透入深密的樹林之間，返照在樹下翠滴滴的青苔上面。

七、遠古時候，在北方生活著一群力大無窮的巨人。他們的首領，名叫夸父，高大魁梧，過著與世無爭的日子。

有一年，天氣非常熱，火辣辣的太陽直射大地，夸父下決心要追上太陽，捉住它。夸父追著太陽跑，經過九天九夜，在太陽落山的地方，終於追上了它。太陽熾熱異常，夸父感到又渴又累。他跑到黃河邊，喝乾黃河的水，但是不能解渴；於是又跑到渭河邊，把渭河的水也喝光，仍然不能解渴；夸父又向北跑去，那裡有縱橫千里的大澤，大澤裡的水足夠夸父解渴。但是，大澤太遠，夸父還沒有跑到大澤，就在半路上渴死了。

夸父臨死的時候，心裡充滿遺憾，他還牽掛著自己的族人，於是將自己手中的木杖扔出去。木杖落地的地方，頓時生出大片鬱鬱蔥蔥的桃林。

八、宋國住著一位勤快的農夫，每天辛苦的耕田，從來沒有間斷過。他將稻田整理得青綠無比，稻穀又飽滿又肥大。

有一天他正在田間除草。突然草叢裡跳出一隻兔子，慌慌張張的從他身邊奔過去，一不小心，撞上田邊的樹幹，當場折斷頸骨，一時鮮血淋漓，哀嚎幾聲，便倒在地上動也不動了。農夫抓起兔子，高興的說：「今天運氣真不錯，不費半點力氣便撿到一隻兔子。兔肉可以吃，兔皮可以賣錢，一天抓一隻，一個月就有三十隻，何必整天辛苦的在烈陽下工作！」

從此，這位農夫便丟了幹活的鋤頭，每天守在樹下，等待另一隻兔子的出現。最後田地都長滿了荒草，農夫等的兔子仍然沒有出現。從此以後，再也沒有抓到一隻兔子，反而讓自己成為全宋國的笑柄。

修潤訓練

如切如磋如琢如磨

● 學習主題

修潤，就是根據所提供的病句，要求學習者判斷句子的瑕疵，接著進一步做修改或潤飾。

修潤的性質，包括了剪裁冗長累贅的文句，到增補原材料的疏漏或不足，進行多樣的修改潤飾訓練。培養學生們能夠針對造字遣辭與文句流暢，訓練嚴謹而準確的語文表達能力。

一篇文章能夠一氣呵成，不用做任何更動、修正的機會並不多。就寫作的程序而言，句子的修改潤飾是屬於最後的步驟；但是如果從完成篇章的要件來說，修改潤飾是學生們自我淬鍊的基本功夫。

在進行寫作的過程中，如果沒有從小培養嚴格控管措辭的能力和基本文句的造句品質，就經常會出現各種不同的語病。

● 常見病灶

(一)標點符號的誤用或缺漏。
(二)錯別字的浮濫。
(三)累字贅詞的不良運用。
(四)句子缺字漏字的陋習。
(五)詞序的安排不妥當。
(六)成語詞語錯誤運用。
(七)句法文法使用不正確。

●寫作要訣

文章寫得精巧的訣竅,首先要有刪除不好、不妥、不對文字的本事。所以字斟句酌、講究修辭的能力是十分重要的。

從現在開始,在進行寫作的過程中,「修潤」是最後把關的一環。打完草稿後,要檢查詞句運用是否妥當?句子結構有沒有問題?上下文意思有沒有緊密連接?文句合不合理?語言邏輯對不對?這些都是「修潤」文章要考慮到的地方。

●表現技法

一、基本修潤訓練

(一)錯別字修潤　請挑出下列文句中的錯別字。

例：原句　你有權利保持鍼默，我有責任調查真相。

修潤句　你有權利保持緘默，我有責任調查真相。

(二)病句修改　請就下列病句做適當的修改。

例：原句　晚餐時刻到了，三峽的山邊處處可見七竅生煙。

修潤句　晚餐時刻到了，三峽的山邊處處可見炊煙裊裊。

(三)習慣用語改正　請就下列應用文的習慣用語做修正。

例：原句　小華的級任老師看到小華的家長，便上前致意。「非常感謝賢昆仲的蒞臨，我是小犬的老師。」

小華的父母說：「原來是王老師！幸會幸會，令郎能讓您教導，真是太幸運了。」

修潤句　小華的級任老師看到小華的家長，便上前致意。「非常感謝賢伉儷的蒞臨，我是令郎的老師。」

小華的父母說：「原來是王老師，幸會幸會！小犬能讓您教導，真是太幸運了。」

(四) **成語運用修改**　請就下列畫線部分的成語做正確的修改。

例：原句　「歲月如流水，轉眼我們已經畢業三年了。老師，您的教誨言猶在耳，您的音容宛在；難忘您講課時的口蜜腹劍，難忘您勉勵我們時的說長道短，難忘您為我們付出的一切。」

修潤句　「歲月如流水，轉眼我們已經畢業三年了。老師，您的教誨言猶在耳，您的笑容可掬；難忘您講課時的諄諄教誨，難忘您勉勵我們時的苦口婆心，難忘您為我們付出的一切。」

(五) **文句增補**　請就下列句子，做必要的增潤，以使句子完整。

例：原句　張姓歌手在觀眾的喝采聲中，把歡樂氣氛推向最高潮。

修潤句　張姓歌手獲得觀眾的喝采，表演得更加起勁，把歡樂氣氛推向最高潮。

(六) **累贅詞句修潤**　請將下列蕪雜的文句做適當的修改。

例：原句　經過一段時間的醫治，他的健康和疾病很快就復原了。

修潤句　經過一段時間的醫治，他很快就康復了。

二　綜合修潤訓練

外來語修潤：下列是一段翻譯文字，部分文句不合我國語法的習慣。在不妨礙原意下，可以更動句子進行修潤。

例：原句 「到第二天中午十二點的時候，哈利波特的皮箱已經裝滿他學校的物品以及他所有的寶物——他遺傳自他父親的隱形斗篷、他從西里爾斯那裡得到的飛行掃把、去年喬治．衛斯理與佛萊德．衛斯理給他的哈格瓦爾特放大地圖。」

修潤句 「第二天中午十二點，哈利波特把他的寶物，還有學校用品，裝進了皮箱。這些東西包括——父親傳給他的隱形斗篷、西里爾斯給他的飛行掃把、去年喬治．衛斯理與佛萊德．衛斯理給他的哈格瓦爾特放大地圖。」

●寫作起步走

一、錯別字修改：下列這段文字有不少錯別字，請一一挑出來。

雖然人人都有追求自由的權力，但不能為所欲為。例如：看人不爽，就無原無故捅人一刀；或者徇私舞幣、貪贓枉法等等，這些都是曲解了自由的真締。

二、累贅詞句修潤：下列文句中，有幾處出現累贅的字詞，請幫忙找出來。

白沙灣海水浴場是全國絕對第一，海水湛藍美麗，水晶宮或許大概也是如此吧！一抹雲山掛在遠處，點輟著赭色的岸礁；沙灘宛如像黃金鋪地，可是卻又柔軟如茵，樣子可愛極了。

三、數量詞修潤：請找出數量詞運用錯誤的句子。

（一）一派新月　（二）一座佛像　（三）一付眼鏡　（四）一顆松樹　（五）一柱香

四、語序修潤：請將下列不妥的語序做調整。

媽媽把她童年翻拍出來的照片給我們看。

五、病句修改：請就畫線部分的文句進行必要的修潤。

我聽到房裡有吵架的聲音和三個人影，不曉得究竟發生了什麼事。

六、外來語修潤：請在不妨礙原意、不更動句子序列的範圍內加以修改、潤飾。

在那個開滿了水仙花的田地裡，在那個有很多石頭的荒地裡，在那個由一條古怪的流水所灌溉的平地裡，歐蘭朵的祖先曾經騎馬馳騁。他們還曾經從許多肩膀上面砍下了許多顆的不同的膚色的頭顱，把它們帶回家掛在屋椽的上面。

●參考習作

一、雖然人人都有追求自由的權利，但不能為所欲為。例如：看人不爽，就無緣無故捅人一刀；或者徇私舞弊、貪贓枉法等等，這些都是曲解了自由的真諦。

二、白沙灣海水浴場是全國第一，海水湛藍美麗，水晶宮大概也不過如此吧！一抹雲山掛在遠處，點綴著赭色的岸礁；沙灘像黃金鋪地，卻又柔軟如茵，樣子可愛極了。

三、(一)一彎新月　(二)一尊佛像　(三)一副眼鏡　(四)一棵松樹　(五)一炷香

四、媽媽把她童年的照片翻拍出來給我們看。

五、我聽到房裡有吵架的聲音，不曉得究竟發生了什麼事。

六、在開滿水仙花的田地裡，遍布石頭的荒地裡，由一條古怪的流水所灌溉的平地裡，歐蘭朵的祖先曾經馳騁於此。他們曾經砍下了許多顆不同膚色的頭顱，帶回家掛在屋椽的上面。

觀察力訓練篇

觀察力訓練的目的在引導學習者運用五官七竅——眼、耳、口、鼻、心的感受，培養敏銳的感染能力，運用感官的觀察與感覺，發揮視覺、聽覺、味覺、嗅覺、觸覺等等的寫作效果。

- 視覺訓練
- 聽覺訓練
- 味嗅觸覺訓練
- 五種感官訓練

視覺訓練

眼觀四面

●學習主題

在日常生活中，我們時時在使用眼睛，但是卻不太注意運用眼睛來觀察周遭的事物。所以，當進行描寫寫作的時候，學生們都習慣用籠統的形容詞輕輕一筆帶過，這樣描寫出來的人、景、事、物，自然就不會生動、真實、令人感動了。

●能力培養

觀察力訓練的第一單元，就是視覺能力的培養。學生們可以嘗試對於身邊的事物仔細體會，看看哪些東西長什麼樣子？觀察它們的形狀、紋理、顏色，甚至進一步了解背後所隱藏的現象，以及詳盡的來龍去脈。有了注意觀察、仔細體會、專注追蹤的步驟，就能清晰、明白、逼真、生動的寫出事物的形貌與神態。

凝視大千世界的草、木、人、物、江、河、山、水，分別有不同的「視」界。同學們，你曾經以不同的角度用心觀察，甚至駐足其中嗎？當你眺望崇山峻嶺，除了心曠神怡的感受外，還有更具體的感覺嗎？不同人物的神情、動作、喜、怒、哀、樂，你曾經嘗試仔細的捕捉與領會嗎？

●寫作要訣

把現實生活中多采多姿、千變萬化等客觀事物的形狀、色澤，準確而生動的描寫出來，就能充分的發揮觀察力訓練的成果。對自然界的色彩描寫，是最基本、最常見、最普遍的描寫，學生們可以從這裡起步，開放你的視野，表現紛繁豐富的自然界。視覺的摹寫，經常伴隨疊字的運用，色彩描寫如：「綠油油」、「黑沉沉」、「黃燦燦」、「紅咚咚」……等；事物描寫如：「熱騰騰」、「火辣辣」、「慢吞吞」、「暖烘烘」……等。學生們可以適度運用這種直接摹寫的手法。

●表現技法

以自然山水做視覺摹寫的例子，要善於運用逼真的文字進行色彩摹寫。

一——山景的描寫

以下例 1 以平鋪直敘的描寫呈現山景自然之美；例 2 以多層次的變化，描寫自然的山景。

例1　阿里山的早晨，畢竟是美的。一大早起來，打開窗子，便有一片灰得發藍的山色撲進房子來，照得房間的牆壁，都彷彿有一層透明的嵐光在閃動。窗前的樹，小徑的花，也都因為這山嵐的照耀，綠得更深，紅得更豔了。

例2　太平山是最豐富多姿了：近處的藍得透明，遠一點的灰得發黑；再過去，便依次由深灰、淺灰，而至於剩下一抹淡淡的青影。有時候，在這層次分明、重疊掩映的峰巒裡，忽然會出現一座樹木蔥鬱、山岩凸出的山峰來。

二——水景的描寫

透過陽光的襯托，可以將江水的景色，描寫得亮麗鮮豔。

範例　灕江在遠處泛著微光，一閃一閃的亮了起來。太陽把灕江染成一條透明的青絲羅帶，輕輕拋落在桂林周圍的山峰中間。（方紀〈桂林山水〉）

三——湖景的描寫

捕捉豐富的眼前景物，縱橫交錯出湖景的美麗外衣。

範例　西湖，有的是滿湖煙雨，山光水色，俱是一片迷濛。西湖，彷彿在半睡半醒之間。空氣中，瀰漫著沾了雨絲的梔子花的甜香。……西湖勝景很多，各有各不同的美，即便一個綠色，也各有不同。黃龍洞綠得幽，屏風山綠得野，九曲十八洞綠得閒。漫步蘇堤，兩邊都是湖水，遠水如煙，近水著了微雨，也泛起一層銀灰的顏色。在花港觀魚，看到了另一種綠：那是滿池的新荷，圓圓的綠葉，或亭亭立於水上，或婉轉靠在水面，只覺得一種蓬勃的生機，跳躍滿池。（宗璞〈西湖漫筆〉）

四——樹葉的描寫

尋常的景致，經過細膩的觀察、描寫，可以呈現出生動而迷人的美。

範例 這一帶都是淡黃的粉牆，因為潮濕的緣故，發了黃。沿街種著小洋梧桐，一樹的黃葉子，就像迎春花，正開得爛漫，一棵棵小黃樹映著墨黑的牆，格外鮮豔。葉子在樹梢，眼看它招呀招的，一飛一個大弧線，搶在人前頭，落地還飄得多遠。（張愛玲〈留情〉）

五——事物的描寫

生活中的事物，只要細心觀察、捕捉，就能經營出一段描摹細緻的情境。

範例 杯裡的殘茶向一邊傾過來，綠色的茶葉黏在玻璃上，橫斜有致，迎著光，看上去像一棵生生的芭蕉。底下堆積著的茶葉，蟠結錯雜，就像沒膝的蔓草和蓬蒿。（張愛玲〈傾城之戀〉）

六——形貌的描寫

人物的外形、相貌、神情、動作都有個別的形象，只要觀察入微，仔細領會，就能迸發出感人的文字。

範例　老栓走到家，店面早經收拾乾淨，一排一排的茶桌，滑溜溜的發光。但是沒有客人：只有小栓坐在裡排的桌前吃飯，大粒的汗，從額上滾下，夾襖也帖住了脊心，兩塊肩胛骨高高凸出，印成一個陽文的「八」字，老栓見這樣子，不免皺一皺展開的眉心。他的女人，從灶下急急走出，睜著眼睛，嘴唇有些發抖。（魯迅〈藥〉）

從以上幾種透過眼睛觀察而產生的描寫能力，就可以發現培養視覺能力的重要。我們每天醒來，就一直用眼睛，同學們，你是不是有很多時候，沒有好好利用它呢？

●寫作起步走

一、觀察大自然景色，並做一段片段描寫（如：雲、日、月、風、雨……）。
二、打開手掌，詳細觀察並寫下正反面的紋路、色澤、造型。
三、描寫一位正在挖鼻孔（或掏耳朵或搔香港腳）的人之神情、動作。
四、描寫公路上賣花女子的造型與神態。
五、細細端詳並寫下爺爺（或奶奶）的臉龐、身軀、頭髮、性情。
六、仔細觀察並寫下一雙破運動鞋的破舊形狀。
七、細膩刻劃母親化妝台前的美容過程（如試衣、上妝、卸妝、剪指甲……）。

八、觀察並寫下飯局上不同人物的吃相（含剔牙、飲酒、喝湯、划拳及其他特殊動作）。

九、描寫一段戲院門口賣口香糖老人的兜售情景。

十、佇立窗口（或陽台），請你記下一段視力所及的景物。

●參考習作

一——雨天

天空突然風雲變色，雲像畫師，將湛藍的天空染成一片烏黑。慢慢的天空下起了髮絲般的細雨，雨愈下愈大，小草被雨打得彎下了腰。忽然，一道慘白的閃電打了下來，小動物們頓時嚇得東奔西跑。

二——掌紋

手掌上的紋路像一座無比複雜的迷宮，我們看不到它的真相。像我們的人生，情感與智慧永不相交，有智慧的人不能背情感的包袱。

三——挖鼻孔

他皮膚黝黑，左手食指中指夾著菸，眼睛眺望著遠方遐思。不久，他將菸移換右手，左手食指往左邊鼻孔探入，左三圈、右三圈，人中往下伸展，然後再往裡探，拉出一坨的鼻屎。揉呀揉、搓呀搓，最後往天空彈了出去。

四——賣花女子

一道紅燈亮起，路口的所有車子都停了下來，路邊那位賣玉蘭花的婦女快步邁出，全身包滿了客家花布，提著一籃子的花，一車一車的朝車窗敲，笑容都快貼上，一臉誠懇的嘴形，似乎是說：「幫幫忙，買個花吧……」

五——爺爺

一生在田裡生活的爺爺，稀稀疏疏的黃髮，頂著大太陽，腦勺的汗珠晶瑩剔透，汗光如金光。微微佝僂著背，老到家的臉龐刻劃著七、八十條皺紋，勤奮是他唯一的性情。

六——破運動鞋

一雙破運動鞋，洗乾淨以後，我把它放在書架的角落。這是喬登的紀念鞋，耐吉的英文字斜斜的裝飾著鞋面，數不盡的刮痕，磨平的鞋底，沒有半點英姿。鞋帶打了死結，這是爸爸送我的最後一雙運動鞋。

七——媽媽在化妝

橢圓形的鏡子掛在牆壁，跟媽媽很多年了。平常離開房門，只是習慣性的瞄一眼。只有出門聚會，她才會修一下她的月眉，然後薄施脂粉；她永遠只有一支口紅，站著塗、站著畫，媽媽的手很巧，嘴唇線修得很美；最後她美麗的櫻桃小嘴抿兩下，鏡子裡留下一抹淡淡的微笑，就算化妝完成了。

八——吃相

約莫晚上九點時分，阿腰快炒店一桌一桌沒空席，總是擠滿了酒客。酒酣耳熱之餘，有人開始划拳了；有人牛飲、有人淺酌，有人舒舒的喝著湯；有人遞菸，有人吐霧，捉對聊天打屁……菜一盤一盤的上、台啤一瓶瓶的開。一位老者早就蹺著二郎腿，側著身，自顧自剔起牙來了。愈夜愈吵、酒聲愈高潮……

九——賣口香糖的老人

賣口香糖的老人，他的配備十分簡單而專業，胸前掛著一個竹簍子，上頭還鋪著乾淨的粉紅色棉布。他不習慣吆喝，不像賣花的阿婆、賣零嘴的小廝叫個沒停。他只有專注的眼神、禮貌的手勢，真誠的一句：「需要嗎？」沒有交易成，他還會給你點個頭，意思好像是說：「謝謝」或「打擾了」……

我依稀彷彿時不時會聽到戲院前，那句輕輕的吆喝聲：「需要嗎？」

十——佇立窗口

兩盆桑樹長得好好，春天的果實已經長得美也長得多了。一盆三個月前才新種的山杜鵑，花朵紅豔而纖小，紅配綠，好登對。遠處的大樓已經矗立，和巷內老舊的五樓舊公寓，形成強烈的反差。窗口唯一的風景是對面的一排窗子，和永遠密裏的垂簾。最近喜歡佇立窗口並不是看風景，其實我關顧的是白色的陶盆山杜鵑，裡頭裝著柴犬大大的骨灰，以及為了牠最愛的桑葉而種的盆栽。

聽覺訓練

耳聽八方

● 學習主題

對於事物的各種感受加以形容描述，叫做摹寫。透過靈敏的耳朵來感受聲音印象，就是聽覺的摹寫。除了眼睛是寫作利器之外，耳朵也為我們廣收訊息，能分辨聲音的大小、清濁、高低、強弱等變化，引發我們不同的情感。

善於寫文章的人，往往能捕捉各種聲音來表現情感。大家都知道，聲音能帶給人們喜怒哀樂的不同感受：學音樂的人透過聲音，可以完成不同的曲譜；寫作自然也能藉聲音的感受，轉換成美麗曼妙的文字。

● 能力培養

耳朵和眼睛對於外在事物、景物感受的特性不太一樣。眼睛對於線條、色澤、形狀、大小的掌握，比較有一致性。

各種眼前的事物、景物，看起來大部分都是獨立的，正常情況不會有混淆的錯覺。而且用眼睛看東西，因為有範圍的限制，所以，只要細心觀察，都會有豐富的感受。

耳朵所面對的聲音，則常有混雜難以分辨的現象；再加上對於外在的景象，人們都習慣以眼睛來觀察。

因此，人們對於聲音的敏感度普遍比較弱，加上習慣於聲音的存在，所以，往往充耳不聞。

● 寫作要訣

事實上，大自然當中有太多美妙的聲音，潺潺的水聲、蕭蕭的風聲、唧唧的蟲聲、呢呢喃喃的鳥語、轟隆隆的雷鳴、喔喔喔的雞鳴……。各種自然的天籟聲響，只要我們用心傾聽，就能觸動我們的心弦。

如果我們在進行寫作時，能充分打開感官的「雷達站」，巧妙的捕捉各種聲音，有了視覺的「色」，加上聽覺的「聲」，文章就有聲有色了。

現在請你開放耳朵的世界，仔細聆聽天籟、人聲、物語……用心聽一聽一切聲音——你以前一直忽略的經驗，往往就是最好的寫作素材。

●表現技法

一──水聲的描寫

「淙淙的水聲」、「叮咚之音」、「砰砰作響」都是直接摹聲的手法。

例1 突然，我聽到了淙淙水聲，迅速繞過一片瓜田，一股清澈的流水便橫在我面前。（吳敏顯〈徜徉在山野〉）

例2 院子裡風竹蕭疏，雨絲紛紛灑落在琉璃瓦上，發出叮咚之音，琉璃窗也砰砰作響。（琦君〈下雨天真好〉）

二──雨聲的描寫

「答、答、答、答」與「嘩啦啦」展現了兩種大小不同雨聲描寫手法。

例1 這時候天空下著雨，雨滴從樹葉上掉下來，答、答、答、答……好像在牠的脊背上，這是牠住在井裡一輩子也想不到的事情。

例2 雨嘩啦啦的愈下愈大，柏油路面一股股的熱氣往上竄。

三──風聲的描寫

「呼呼作響」與「微微的吹來」，凸顯了風聲強弱的差異。

例1 那裡的風，差不多日日有的，呼呼作響，好像虎吼。（夏丏尊〈白馬湖之冬〉）

例2 一個寧靜的夜光下，風微微的吹來，渾身舒暢極了。

四——鳥聲的描寫

「丫—丫—丫」與「織，織，織，織呀！」分別表現了「單調」與「柔美」的鳥聲。

例1 鳥兒們既高興，又滿足，當牠們張開嘴來向孔雀道謝時，就唱起歌兒來，於是空中充滿了美妙的音樂。唯一懊惱不已的烏鴉，牠只會叫「丫—丫—丫」。

例2 秋天到了，紡織娘便寄住在他們的屋前瓜架上，每當月明人靜的夜裡，牠們便唱起歌來：「織，織，織，織，織呀！織，織，織，織呀！」那歌聲真好聽，比什麼催眠歌都好聽。（陳醉雲〈鄉下人家〉）

五——樂音的描寫

「嗚啦嗚啦」與「幽幽細細」分別很傳神的摹繪樂器的聲音。

例1 嗚啦嗚啦，戴著闊邊斗笠的老人懶散的吹奏著，拖著長長的尾聲，顯得有氣無力。（趙雲〈微塵中的世界〉）

例2 你也說喜歡那一首幽幽細細的薩克斯風吹奏的曲子。（羅蘭〈燭光夜雨〉）

六——動物聲的描寫

「一陣狂風」與「亂樹背後撲的一聲」，將老虎的出現烘托得很好。

範例 忽然樹林裡起了一陣狂風，那陣狂風過了，只聽得亂樹背後「撲」的一聲響，跳出一隻吊睛白額的老虎來。

七——植物聲的描寫

採擬人手法，以「窸窣」來描寫風吹蘆葦葉的細碎聲音，效果很好。

範例 寒星照在蘆葦上微微發光，猶如沾著了眼淚，風吹來，便真的窸窣（蘆葦搖動所發出的聲音）的啜泣了。（佚名〈孤雁〉）

八——事物聲的描寫

「孜孜孜」、「嘶嘶」、「呼里呼突」成功摹寫動態聲音的感覺。

例1 飛機蠅蠅的在頂上盤旋，「孜孜孜……」繞了一圈又繞了回來，「孜孜孜……」痛楚的，像牙醫的螺旋電器，直挫進靈魂的深處，阿栗抱著她的哭泣著的孩子，坐在客室的門檻上，人彷彿入了昏迷狀態。（張愛玲〈傾城之戀〉）

例2 寬敞的大廳正中央燃起了亮晃晃的煤氣燈，發出嘶嘶的聲音。

例3 呼里呼突，呼里呼突。巨大的風扇在頂上搧動，搧起你黑色的披風，搧起你一身纍纍的焦慮。（方莘〈咆哮的輓歌〉）

九——虛實聲音的描寫

以下例1摹寫實際聲音，採寫實手法；例2以人語來襯托風吹樹葉聲，採虛寫手法。

例1 一聲遞一聲的，七—姑—姑，苦；七—姑—姑，苦……（司馬中原〈火鷓鴣鳥〉）

例2 早風穿過樹梢，簌簌的像昨宵枕畔的絮語。（鍾梅音〈鄉居閒情〉）

從以上多種摹寫聲音的實例，同學們一定可以發現，聲音在聽覺寫作上，竟然可以發揮著這麼大的描寫效果。想想看，以前是不是太不專心「聽」了呢？

●寫作起步走

一、憑自己的感覺，以感性的筆調，在完整的情境之下，描寫下列聲音。

（一）緊急煞車聲　（二）蚊蠅聲　（三）打鼾聲　（四）嗑瓜子聲　（五）車聲

（六）麻將聲　（七）喝湯聲　（八）擺地攤叫賣聲　（九）煮菜聲　（十）馬桶沖水聲

二、記述一場棒球賽（或其他球賽）的精采實況。

三、記述一段印象特別深刻的聲音或印象中最大（小）的聲音。

四、回憶並寫下家人（或同學）的口頭禪。

五、描寫一場音樂會（或歌友會、平劇、歌仔戲）的實況。

六、閉上眼睛十分鐘，記下耳朵所聽到的聲音。

●參考習作

一——

(一) 緊急煞車聲

走在路旁，突然傳來一陣尖銳刺耳的聲音，乒乒乓乓幾下，有人倒下，有人呻吟，令人渾身起了雞皮疙瘩。鄰居都出來了……沒多久，就聽到喔咿喔咿的聲音了。誰家的媽又要急死了……

(二) 蚊蠅聲

夏日某個午後，在客廳打盹兒，耳邊時不時傳來「嗡……嗡……嗡……」的蚊聲，難得平靜的心又開始翻攪了。我的天啊！這是什麼世界啊？

(三) 打鼾聲

耳邊不時傳來老爸「呼……呼……呼……」的打鼾聲，翻來覆去睡不著，果真是「鼾聲如牛」啊！真是服了老媽……

二——**全壘打**

雙方比數零比零，僵持不下，這是一場典型的投手戰。已經進行到了九局下半，兩好一壞，眼看著就要進入延長賽了……。忽然，投手一個失投，清脆「砰」的一聲，響徹雲霄。哇！是全壘打，是一支特大號的再見全壘打！都打出場外了……頓時全場觀眾的掌聲響起……黃色的旗海沸騰……歡聲雷動，久久不已。

三──印象特別深刻的聲音

村子裡的闍豬仔伯是個淳厚的長者，花了很多的時間、金錢與精神，照顧他纏綿病榻多年的老妻。不幸藥石罔效，於昨日過世。鄰近的左鄰右舍都來了，大家分工張羅，打理一切。一向堅強又慈祥的他，立在客廳一側，哭紅了眼，一句話也說不上來。他的右手遮著老眼，來回挪移，只有靠近傾聽，才微微聽得到他低沉的飲泣聲……

四──口頭禪

「基本上韓愈是唐宋八大家之首，基本上……基本上……基本上……」老師的「基本上」像催眠曲。班長經常像大公雞一樣在講台上吆喝「你是豬頭啊……」喜歡扮鬼臉的小李子：「怎樣啊……怎樣啊……」蟑螂的：「我哩咧……我哩咧……」都是每天班上熟悉的聲音。

五──歌仔戲

野台戲已經少了，戲碼也愈來愈少，「我身騎白馬啊……走三關……改換素衣回中原，放下西涼無人管，一心只想王寶釧……」聽得懂的人愈來愈少，「薛平貴與王寶釧」的老戲文，在時空的壓縮下漸漸式微了……一旁的樂師也只剩兩、三位撐場了。

六——閉目聽聲

「啾啾啾……」的呼喚聲，十分急促，從樹叢那端傳來。停了數秒，「啾……啾……啾……」一聲一斷，緩慢呼應著。「啾啾啾……」「啾……啾……啾……」聲音忽上忽下。「啾啾啾……」「啾……啾……啾……」聲音愈來愈近。「喔……喔……喔……」公雞也在樹下伸起了懶腰。

味嗅觸覺訓練

舌鼻手足的神奇

●學習主題

對於外在事物的各種感覺，除了視覺和聽覺之外，其實還包括味覺、嗅覺、觸覺等等的感受。能夠透過鼻、舌、手、足感受自然界或人生種種現象，加上耳目敏銳的觀察訓練，所形容或描述的事物就更琳瑯滿目了。

●能力培養

上天賦與我們靈敏的嗅覺，和辨識五味的味覺，以及遍布全身神經系統的觸覺。就像視覺能力一般，嗅覺、味覺、觸覺同樣具有敏銳的感受能力。你也許有過香味撲鼻或臭氣逼人的經驗，你能不能分門別類的「如數家珍」呢？你也許有過啖食山珍海味的難忘經驗，無論生食熟食，蒸煮炒炸，南北佳肴，各地小吃，你都說得上來嗎？你也許有過觸摸特殊事物的奇妙經驗，睜眼閉眼的觸覺，是否有很大的不同？這些稀鬆平常的感覺，你曾經用心去揣摩過嗎？

● 寫作要訣

一——味覺

味覺是舌頭嚐東西所感覺到的酸、甜、苦、辣，是整個口腔對食物的感覺。同樣是黏牙，麥芽糖和口香糖是不一樣的；同樣是清脆，蘋果和水梨有什麼不同？同樣是甜味，味精和砂糖有所不同；同樣是辣，胡椒和辣椒各有千秋；同樣是酸，梅子和鳳梨口味不一樣；同樣是苦，黃連和苦瓜大大不相似。這些，你都具體感受到和比較過嗎？

二——嗅覺

嗅覺是指鼻子嗅神經辨別氣味的能力，每個地方、事物都有獨特的味道。加油站的油味、醫院的福馬林味、魚市場的腥味、寺廟的檀香味、廚房的油煙味、咀嚼中的檳榔味、化妝品專櫃的香水味、養雞（豬）場的屎味；其他如正露丸、綠油精、洗髮精、狐臭味、香港腳味、菸味、咖啡味、茶味……等等，可以說味味不同。同學們，你是不是都聯想起來了？

三——觸覺

觸覺是皮膚接觸到外物所產生的感覺，包括手足及其他神經系統的感受。觸覺是學生們比較少體會的經驗，這種觸摸的經驗，需要集中意志，加上敏銳的感受，不妨先閉上眼睛專心摸它一回。同樣是凹凹凸凸的，芭樂、釋迦、椪柑、榴槤有什麼不同？同樣是粉末，太白粉、麵粉、甘藷粉、胡椒粉、黑胡椒粉有什麼不同？同樣是嘴巴痛的感覺，咬到舌頭、燙到舌頭、嘴唇裂傷、嘴內破皮有什麼不同？同樣是挨打，打手心、挨巴掌、藤條打屁股、敲頭、擰耳朵有什麼不同？同學們，這些都是你平常接觸過的經驗，你曾經細心感覺過嗎？

●表現技法

一——味覺的描寫

「微微有一點酸澀」、「臭得好吃」、「鹹鹹潤潤的」、「甜甜的，腥腥的」、「又香又脆」等，都是味覺的摹寫。

例1 我慢慢的剝去了網在上面的脈絡，然後，剝開放進口中。冰涼而甜，微微有一點酸澀，我用力將一顆橘核吐出，如一顆隕星般在黑夜裡消逝。（殷穎〈寒夜〉）

例2 吃下午四點半鐘挑來賣的臭豆腐——再沒有那樣臭得好吃的東西了。

例3 米飯上沾著鴨子油，鹹鹹潤潤的，格外芬芳好吃。（劉震慰〈故鄉之食〉）

例4 大家圍著三只飯盒吃了一頓肉，甜甜的，腥腥的。（鍾肇政〈中元的構圖〉）

例5 等著阿榮伯把一粒粒又香又脆的炒胡豆剝了殼送到我的嘴裡。

二——嗅覺的描寫

「體臭混著汗臭」、「阿兵哥味」、「稻香撲人」、「青草味」、「淡淡的幽香」、「冷香」、「刺鼻的花草腐爛後的腥臭」等等，都是嗅覺的摹寫。

例1 想起新兵訓練那一段日子，一大早起床，就忙碌緊張得汗流浹背，阿兵哥們體臭混著汗臭，那股阿兵哥味令人難以忘懷。

例2 陽光更濃了，山景益發清晰，一切氣味都蒸發出來。稻香撲人，真有點醺然欲醉的味兒。（張曉風〈到山中去〉）

例3 風裡帶來新翻泥土的氣息，混著青草味和各種花香，都在微微潤濕的空氣裡醞釀。

例4 大理花與劍蘭搶著開，木樨花散布著淡淡的幽香。

例5 一陣風掠過，華夫人嗅到菊花的冷香中夾著一股刺鼻的花草腐爛後的腥臭。（白先勇〈秋思〉）

三——觸覺的描寫

「輕悄悄的」、「軟綿綿的」、「並不寒冷，只是清涼」、「皮上要起疙瘩」、「兩條滴滑的冰」、「熱蓬蓬的……冷冷的綠著」等，都是觸覺的摹寫。

例1　風輕悄悄的，草軟綿綿的。（朱自清〈春〉）

例2　秋季的夜，總是很美的，它並不寒冷，只是清涼。（陳醉雲〈蟬與螢〉）

例3　山上的雨點比地上大，打下來更有力，好像皮上要起疙瘩。

例4　老殘一面走著，覺得臉上有樣物件附著似的，用手一摸，原來兩邊掛著了兩條滴滑的冰。（劉鶚《老殘遊記》）

例5　西湖的夏夜是熱蓬蓬的，水像沸著一般，秦淮河的水卻盡是這樣冷冷的綠著。（朱自清〈槳聲燈影裡的秦淮河〉）

看了以上作品，你有全新的感覺嗎？如果你蠢蠢欲動，就打鐵趁熱，完成下列習作。

●寫作起步走

一、請就下列特殊場所或味道，描述經驗中的氣味。
廁所、加油站、臭水溝、米店、酒醉味、腐屍味、剛除過草的綠草地。

二、摹寫味覺的經驗以及嘴裡不同的感覺。
米飯、燒餅油條、水蜜桃、西瓜、梅子、甘蔗、饅頭、汽水、可樂。

三、回憶並寫下記憶中觸覺的特別經驗。

腳抽筋、嚼冰塊、觸電、挨了一巴掌、下樓梯踩空了、踩到狗屎、小刀割傷。

四、生活中有哪些特別氣味，能勾起你一段美好或痛苦的回憶，請扼要摹寫下來。

棉被香、臭襪子、紙錢味、燒酒雞味、蚊香味、樟腦丸味、烤番薯味、餿水味、放屁味、肥皂味、酸梅滷味、醋味、剔牙味、正露丸味。

● 參考習作

一

（一）廁所

打開菜市場的公廁門，地上濕答答，腳印凌亂，一股濃烈的尿騷味撲鼻而來，嚇得我憋住氣，閉著眼睛，草草了事。轉頭奪門而出，門砰的一聲……

（二）酒醉味

「叩叩叩……叩叩叩……」一開啟大門，爸爸頹然靠著門，領帶歪在一邊。迎面而來的是一股嗆鼻的酒臭味，接著就看到爸爸癱軟在地。我奮力扶著他，突然，爸爸的口中吐出穢物，酸中帶臭，我撇過臉去，他醉得不省人事，動也不動了。

二——

（一）米飯

嘴裡含了一口熱騰騰的白飯，慢慢嚼了一會兒；嘴裡交疊出一陣淡淡的米香，愈嚼愈香，再配一口蘿蔔乾，一鹹一甜，人間美味在升騰中。這是口中最簡單、也是最真實的幸福。

（二）西瓜

悶熱的酷夏，咬了一大口鮮紅的西瓜，在嘴裡沙沙作響，這是屬於西瓜特有的音響；清脆的口感，帶領一股清涼的甘甜，在嘴裡綻放。夏天沒有比這時刻、也沒有比這鮮紅的大西瓜更有滋味了。

三——

（一）挨了一巴掌

爸爸的大手瞬間劈下，「啪！」的一聲巨響，臉上多了一塊鮮紅的掌印，我的小臉順勢歪到另一邊。一陣灼熱的椎刺從皮膚迅速傳輸，心中一股如刀割的疼痛也堆到最高點。媽媽捂著嘴，轉身哭著出去……

（二）下樓梯踩空了

才剛剛向前邁出一步，腳底空蕩蕩的，忽然一陣冷在心頭打了寒顫。糟了糟了！踩空了……

踩空了……。身體不由自主的跌了出去，只感覺到自己翻了好幾圈，匡啷匡啷……接著便是一陣刺骨的劇痛。

四——放屁味

今天搭公車超幸運的，坐在我旁邊的是甲班最美的女生，學號只隱隱約約露出一半。我偷瞄了她好幾回，她自顧自的在背英文單字，沒有發現我的偷窺，好清純的臉龐……。忽的，一聲屁響，春韭的辛辣與初釀的腥臭，一股腦兒從身下後方迸出，好臭好臭，好糗好糗，遮不住、忍不了、尷尬萬分。我的罪名無處可逃……。她依然專注的在看書，學號是 004545……

五種感官訓練

摹寫總動員

● 學習主題

對於大自然或人、事、物的各種現象，運用眼、耳、鼻、舌、手、足等身體感官，發揮視覺、聽覺、嗅覺、味覺、觸覺等感覺，轉換成文字用來形容描寫的，就是摹寫的寫作技巧。

● 能力培養

妥善運用眼、耳、鼻、舌、手、足等感覺器官，是基礎寫作的最佳利器。我們都知道，科學要求客觀的真實，文學則是強調直覺的感受，而摹寫正是這種表達直覺感受的修辭手法。

要把美麗世界做完整的捕捉，就必須善用眼睛這個靈魂之窗，細細觀察事物的狀態，分辨色澤的區別；想要呈現大自然與人間世界的豐富音感，就必須善用耳朵的敏銳感受，傾聽美妙的聲音與對話。同樣的道理，口舌可以知五味，鼻子能分香臭，手足神經也能觸動外在與心靈的悸動。

●寫作要訣

大自然有動有靜，我們在進行寫作時，不應該以靜態的摹寫為滿足；動態的摹寫，有時候更能發揮真實生命的躍動，如此來繪聲繪色，更能將感官的運用推向更完美的演出。其次，五種感官要自然的綜合運用，我們面對事物時，往往不只用眼睛看，也不只用耳朵聽，甚至於手足的觸摸、鼻子的聞嗅、口舌的味感等，都同時在交錯進行，所以，摹寫要盡量多面向的綜合運用。當然，在進行摹寫時，要有自己的影子，不妨呈現自己真實的心境，這樣子一定更能加深別人對你作品的印象。

有些學生老早就養成依賴既有的成語，做簡單呆板摹寫的習慣，要不就是使用一些籠統的形容詞語，三言兩語就帶過去了。摹寫想要寫得生動傳神，逼真感人，就應該多多採用具體、鮮明、細膩的描寫，以活靈活現的筆調來感動他人，這樣的摹寫才算成功。

●表現技法

一——視覺、聽覺

範例　王小玉便啟朱唇，發皓齒（視覺），唱了幾句書兒。聲音初不甚大，只覺入耳有說不出來的妙境，五臟六腑裡，像熨斗熨過，無一處不伏貼，三萬六千個毛孔，像吃了人參果，無一個毛孔不暢快。唱了十數句之後，漸漸的愈唱愈高，忽然拔了一個尖兒（聽覺），像一線鋼絲拋入天際，不禁暗暗叫絕。（劉鶚〈明湖居聽書〉）

二——嗅覺、視覺

範例 迷魂的香氣（嗅覺）搖曳而來，深暗的（視覺）覆蓋依舊，閃爍的（視覺）黑色依舊。（方思〈生長〉）

三——視覺、觸覺

範例 小貓躺在紅色的地毯上（視覺），靜靜依偎（觸覺）在牠主人的腳邊。（欣儀〈歸雁〉）

四——視覺、味覺、聽覺

範例 火光照著我們因興奮而發紅的臉（視覺），照著焦黃噴香的烤肉（味覺），照著吱吱作響的清茗（聽覺）。（張曉風〈到山中去〉）

五——視覺、聽覺、嗅覺

範例 站在這草坪上，當晨曦在雲端若隱若顯之際，可以看見遠處銀灰色的海面上，泛著漁人的歸帆（視覺）。早風穿過樹梢（視覺、聽覺），簌簌的像昨夜枕畔的絮語，幾聲清脆的鳥叫，蕩漾在含著泥土香味的空氣（嗅覺）之中，只有火車的汽笛（聽覺），偶然劃破這無邊的寂靜。（鍾梅音〈鄉居閒情〉）

六——聽覺、觸覺、視覺

範例　我們身下那翻鬆翻碎的土，靜靜的在吸著光的雨點（視覺），我彷彿聽得見這土在飲雨點時發出的沙沙的聲響（聽覺）。用手把上面那層土扒開，裡面的土還保持著太陽的溫馨（觸覺），這感覺令人舒暢，我彷彿已觸到了大地的心。透過指尖的媒合，地溫和體溫得到交流和融會（觸覺），而兩顆心——大地和人的，則合成一個節拍奏下去。（鍾理和〈賞月〉）

七——視覺、聽覺、觸覺、味覺、嗅覺

範例　每到下課時間，只須瞧一瞧大伙兒衝鋒陷陣的方向（視覺），人聲鼎沸處（聽覺），便知那是操場了。場上有大而沉重（觸覺）的籃球，得小心隨時「天外飛來一球」。打完球後，喝一口冰涼的水（味覺），真是暢快淋漓！不過，上課後瀰漫教室的汗臭味（嗅覺），老師常說無福消受，女同學也直說受不了，我們男生倒是「久而不聞其臭」呢！

●寫作起步走

一、請運用視覺、聽覺摹寫一段山中的景致。

二、請摹寫一次家庭（或班級）烤肉的經驗，至少要包含嗅覺、味覺。

三、請摹寫逛夜市的經驗，至少運用三種感官。

四、請運用視覺、聽覺、觸覺，記一場激烈的球賽。

五、請綜合運用嗅覺、味覺、觸覺的感受，寫一段午餐記趣。

六、下列提供五個詞語材料，請運用眼、耳、口、舌、鼻、手、足等感官，貫串寫成一篇完整文章。詞語材料：廚師、雙手、油煙、宮保雞丁、熱騰騰。

● 參考習作

一、當一陣清雨淋過，山色漸漸朗潤了起來。哇！真的雨過天青了。山蟲唧唧的叫著，雄蛙咯咯的誘引聲，呼響了整個山坳，春情在試唱。

二、第三組火起得最快，管火的管火，吹氣的吹氣，烤肉架已經鋪上，三隻醃得恰如其分的雞腿先上。王多年熟練的再將雞腿輕輕劃開，沒多久，滋滋滋的烤肉聲響起來了，第一口的雞肉香洋溢在四周，大家開心的笑了起來……小順子搶先切了一塊，送入口中邊吃邊說：「好香好香！」饅頭也爭先恐後，舌頭打顫：「好燙好好吃……」慢半拍的肥仔驚訝的說：「天啊！沒熟耶……」

三、入夜時分，寧夏夜市的商家已陸續就攤，熱氣瀰漫，吆喝聲由遠而近。「四神湯、虎咬豬，老店老味啦……」、「人客，來坐喔……」、「米粉湯、黑白切啦……」、「大腸包小腸，台南大香腸啦……」、「這兒坐、這有位子、入來座啦……」……首先傳入鼻腔的是不臭免錢的臭豆腐，哇！臭到骨子裡去了。我先來一盤蚵仔煎、一碗大腸麵線，大粒蚵仔滑溜入口，腥得不討厭、香得透心肝，真是人間美味；紅麵線在地的湯頭，古早味的大腸頭，在嘴裡噴出汁來……我最愛來夜市一攤一攤的嚐小吃了……

四、打完上半場，我們還輸七分，體育老師在中場休息為球員解析，並提出破解的策略。上半場我們的二一二聯防出現破口，對方的射手神準，連砍了五個三分球，這是輸球的主因。

下半場一開始，我們就採取半場盯人的戰術。對方節奏亂了，啦啦隊又特別賣力，「孝班加油，孝班加油……」又高又壯的小胖技術不怎麼樣，在籃下負責搶球。「砰！」的一聲，小胖的手肘撞傷對方二十三號射手的鼻梁，當場抬出……場邊圍觀的有驚訝聲、有偷笑聲，我們一球一球的追，防守各就各位，盯得緊，忠班漏洞百出，失誤連連，造成我們班很多快攻的機會，第三節打完，反超前五分。

我們班軍心大振，最後十分鐘，兵多將廣的孝班，擴大防守圈，全場緊迫盯人，犯規次數雖然增加，但是對方罰球屢投不進。比數愈拉愈遠，孝班啦啦隊，作波浪狀的舞蹈，引起很多笑場，場內場外啦啦隊互槓，籃球場的氣氛十分火熱。最後在笑聲與噓聲交織中，結束了這場籃球冠亞軍決賽，我們狂贏十五分，報了去年一箭之仇。

五、第四節上課，便當箱開始啟動，老舊的便當箱，諸氣旁出，五味雜陳，什麼味道都出來了。阿花的便當最豐富，她家是賣豬肉的，一年到頭都是滷肉、滷蹄膀……肥滋滋的豬油香，過鼻難忘；小劉的炒飯便當，永遠是土雞蛋炒飯，又土又香，我總是拿他愛吃的鯖魚和他交換，那天然的蛋香，聞之陶醉、食之難忘……總會有偷襲者出現，隔壁班的冬瓜，常常神不知鬼不覺的溜到我們班，等到他的大鋼匙撞到你的便當盒，一切就來不及了……

六、受到新冠肺炎疫情的影響，很多老餐廳都撐不下去，紛紛歇業。老爸喜歡川菜，疫情稍緩，我們一家決定到這一家老店最後的巡禮。戴著口罩的老闆也是主廚，拱著雙手，很熱絡的招呼我們，上了茶水，點完菜，我特別端詳這熟悉的老店，就像和老朋友道別一樣的心情。

豆干炒肉絲端上來，豬油炒的特別香，是這家店的拿手菜。老闆娘隔著口罩說：「這是老闆送的……」還冒著煙的飯上來了，飯香配豆干香，真是香！老弟一口接一口，吃得嘎嘎響。

油煙從廚房滲出，聞得到嗆鼻的辣椒味，怕辣的姊姊，摀起了嘴巴。不久，老闆親自端出了熱騰騰的菜，標榜辣椒紅油來自貴州，花椒粒來自成都。「試試今天的宮保雞丁，姊姊來吃吃看，麻而不辣，我要你們記得這一味……」

踏出這家老店，老闆夫婦特別走出來，向我們道別。

運思訓練篇

先就審題、立意、構思、選材、結構等各個步驟，分項實施演練。再選定一個文體，諸如：描寫、記敘、抒情、說明、議論等依次實施。每個題目依據審題、立意、構思、選材、結構等步驟，有順序的實施細部操作，整個流程完整的習作後，最後，再擬訂大綱，進行寫作。

- 審題訓練
- 立意訓練
- 構思訓練
- 選材訓練
- 結構訓練
- 寫作順序訓練
- 文章線索訓練
- 想像力訓練
- 聯想訓練

審題訓練

作文的第一步

● 學習主題

審題，就是在動筆寫作之前，要仔細認真琢磨作文題目中的每一個字，確實而詳細的了解題目的涵義和要求，把握住寫作的重點、文章的中心主旨、取材的範圍，以及文體的選擇，以便正確的依照命題的意圖和文章的要求進行寫作。

● 審題的重要

審題是寫作的開端，作文必須從審題開始。審題的「審」，有審查、研究、分析的意思。審題的「題」，本義是人的額頭，「目」，是眼睛。由於題目在一篇文章中處於最明顯的位置，就像額頭和眼睛是人體頭上最重要、最醒目的位置一樣。「題目」是文章的名字，學生們寫作文的第一步，就是要審慎的研究分析題目的意思，認清了題意，然後動筆，寫出來的文章才能符合要求。所以，對中小學生來說，詳細認真的「審題」是寫好作文的第一步。

審題的好壞，決定了整篇文章內容是否符合題目的要求、構思行文能不能順著正確的方向展開，忽略了對題目的分析研究，就會犯了作文的大忌。很多學生沒有養成認真審辨題目的習慣，缺乏正確審題的方法，常常導致「下筆千言，離題萬里」的毛病。想想看，洋洋灑灑寫了半天，卻偏離主題，甚至文不對題，這不是很糟糕的事嗎？

●常見的病灶

(一)審題粗心，看錯題目。
(二)誤解題意，文不對題。
(三)忽視特徵，導致離題。
(四)審辨失準，偏離範圍。
(五)審題不嚴，主從不分。
(六)審題不全，顧此失彼。
(七)審題未透，重心不明。
(八)忽略題眼，丟掉重點。

●寫作要訣

㈠**周到完備**　要仔細分辨體會題目中的每一個字。

㈡**精準嚴謹**　特別要找出題目中的關鍵字詞。

㈢**多做思辨與檢省**　可以模擬設想一些其他作文題，透過細微的辨別，更能準確的掌握住這個題目本身的特定要求。

●審題方法

一——標記審題法

「標記審題法」就是根據題目中所具有某類文體特徵的詞語，來判斷這個題目應該採用什麼文章體裁。

範例　作文題目中有「記……」或「……記」，題目中隱含「我」或出現「我」這一類的，就是要求以記敘文為主的寫法，記敘文中往往有記、憶、事、見聞、剪影之類的標記。「我的老師」，應以寫「人」為主；「一個小人物的故事」，應以敘「事」為主；「春雨」，應以寫「景」為主。「我的爸爸」與「我和爸爸」就有很大的不同。作文題中有「贊」、「頌」、「抒懷」之類的字眼，就是要求寫成抒情色彩較濃的文章。其他如題目中帶有「論」、「談」、「評」、「說」、

「析」、「有感」、「啟示」等詞語標記的，就應寫成論說文。

二——分析審題法

「分析審題法」就是根據題面的文字來進行理解分析，以便抓住要點的審題方法。

範例 「他的行為感動了我」，分開看，可以分成「他的」、「行為」、「感動」、「我」四部分；「他的」包含了「人與事」，「行為」是具體的內容，「我」是「感動」的對象。綜合結論：這個題目應寫成以「記事性」為主，以「抒情」為輔的文章。題目重心是寫某人的一次行為感動了我，「感動」是題眼，應全力寫出「感動」的過程。

三——時間審題法

「時間審題法」就是根據題目中的時間詞來界定寫作範圍的審題方法。

範例 「暑假見聞」，就限制所寫的見聞應發生在暑假。「考試前後」，時間上要跨越「考試前」與「考試後」。「激動的一刻」，所選的材料，必須是發生在一個很短暫的時間裡的故事。

四——空間審題法

「空間審題法」就是根據題目中表示空間或方位的詞語做關鍵的審題方法。

範例 「我在忠烈祠前」，屬於人事活動的地點背景。「癌症病房的故事」，故事是發生在具體場合。「放學途中」，提示了動向的軌跡，所寫的就必須是放學回家路上的所見所聞。

五——量詞審題法

「量詞審題法」就是根據作文題目中表示取材範圍的數量詞，做為數量限定的審題方法。

範例 「我最難忘的一件事」，只能寫一件事；「父親二三事」，要求寫的是若干事，就不只一件事了。

六——修飾限制詞審題法

「修飾限制詞審題法」就是掌握關鍵詞前的修飾和限制詞的審題方法。

範例 「讓人高興的意外」，不但要敘寫意外事件，同時要凸顯使人高興的結果。「熱滾滾的忠孝東路四段」，就不能只是對忠孝東路段做一般性的介紹，還要渲染熱鬧的景象。

看完以上幾種審題手法的例子，以後在寫作文之前，腦子是不是要靈光一點？

●寫作起步走

請根據下列題目，分別以五十字左右，寫出你審題後的結論，說出文章的文體和重點。

一、記家中的一件喜事　二、那次旅遊真愉快　三、快樂的週休二日

四、我的小天地　五、讀《小王子》有感　六、憲兵禮讚

七、我真後悔
八、中秋之夜
九、停電的晚上
十、我們要訂班規
十一、幸福哪裡來
十二、媽媽的手
十三、葬歌
十四、知足常樂
十五、月亮代表我的心

●參考習作

一、記家中的一件喜事：記敘兼抒情文。記一件喜事，而且是家中發生的，開心快樂的特別事情。

二、那次旅遊真愉快：記敘兼抒情文。以一次旅遊的記敘為主，發抒愉快的心情為輔。

三、快樂的週休二日：記敘兼抒情文。以週休二日為記敘要點，描述快樂的心情和開心的情景。

四、我的小天地：記敘為主。描寫自己的小天地，也可以描摹生活在其中的情形，或是校園中自己喜愛的一角，來進行描敘。

五、讀《小王子》有感：論說兼抒情。摘錄內文重點做論述，並寫出自己有感覺、受感動的部分，以及內容對於自己的啟示和啟發。

六、憲兵禮讚：論說文。論述憲兵的工作性質及對國家的貢獻，進行禮讚。

七、我真後悔：記敘兼抒情。以一件事觸發，敘寫自己後悔的心情。

八、中秋之夜：記敘兼抒情。描寫中秋節的夜晚，團聚或是淒冷的景象。

九、停電的晚上：記敘文。描述停電晚上的情景，可以找出特別的情況進行描敘。

十、我們要訂班規：記敘兼論說文。可以依據班上發生的事情來進行班規訂立的敘寫，找出比較特出的事情。

十一、幸福哪裡來：論說文。可以採夾敘夾議的手法進行寫作，論述生活中的幸福，再說出幸福的方向。

十二、媽媽的手：記敘兼抒情。透過敘寫媽媽的手，將愛子之心和孺慕之情烘托出來。

十三、葬歌：記敘兼抒情。藉由喪葬的哀歌，引發幽微的思緒，可以寫葬禮中出現的歌詠或哀弔，也可以記敘喪禮事件為主，再發抒葬禮的心情。

十四、知足常樂：論說文。論述滿足和快樂，以歷史和生活事件的知足為例。常樂之常，是一種持續、經常的意思。

十五、月亮代表我的心：記敘兼抒情。以月亮思考，靜淡守護的心為主軸，書寫為人子女、父母、老師的心路歷程。

（周宛亭）

立意訓練

確立主旨

● 學習主題

立意，就是確立文章的主旨，也就是把你想讓別人知道的中心思想，做明白的確立。這個中心思想的內容，一定有它的前因後果，所以這個中心思想必須貫串全文。整篇文章都應該與這個中心思想，有直接或者間接的關聯；換句話說，能夠確立文章的主旨與貫通文章的思路以後，由這個中心思想所歸納或演繹的前因後果，才能首尾一致，純粹統一。

● 立意的重要

清代王船山說：「意在筆先」，告訴我們下筆寫文章之前要先立意。寫文章要先確立主題，一篇文章的主題就像軍隊的指揮官，沒有指揮官的部隊，自然成為烏合之眾；文章也是一樣，主題不能確立，自然是一盤散沙，文章會亂成一團。

立意是寫文章的人在說明問題、提出見解想法或者反映生活現象時，藉著文章的內容所表達出來的基本觀點或中心思想。每一篇文章都有主題，作品的主題往往從生活中累積得來。它是作者經過長期對客觀事物的觀察、體驗、分析、歸納而提煉出來的寶貴結晶。所以，立意不只是對一篇文章內容的簡單歸納，它應該是很嚴謹的貫穿全篇文章的一種理念。

因此，一篇文章立意的高下、好壞，就直接影響了文章的成敗。

● 寫作要訣

(一)立意要明確　文章的基本立場要正確明白，表達的思想情感要健康合理，同時內容要結合時代的方向。

(二)立意要創新　文章主旨的確立，要清新脫俗、見解獨到，切忌人云亦云、無關痛癢。文章少了創新的思維，自然就落入俗套，乏善可陳了。

(三)立意要深刻　文章不可浮光掠影，只是拉拉雜雜、東拼西湊就算成篇。立意要有引人深思、發人深省的內涵，才能吸引人，所以，立意要有一定層次的深度。

(四)立意要高遠　寫文章的人固然要從人群中認識實際的現象，但是還要跳脫出來，站在時代的高度來發現問題、思索問題、解決問題。這樣的立意，寫作才能看得遠、看得高，捕捉高瞻遠矚的靈感。

●表現技法

一——由小喻大法

這種手法通常是選取平凡無奇的小事來提煉深刻的意義，以一個小片段、小場景來呈現感動人心的哲理。運用這種手法，要將選用的材料做細膩、逼真的刻劃，最後加以適當的評論，透過小事的哲理意涵，贏得人心。

範例 以〈買菜記〉為例——是一件尋常不起眼的小事，如果是以學生們第一次上菜市場買菜的窘境，以身歷其境的生動描寫，加上高潮起伏的情節，以來襯托買菜的人生體驗：「原來買菜不是一件簡單的事。」

二——逆向思考法

這種手法通常是運用與題面相反的思考，來表達自己與眾不同的獨到看法。逆向思考，往往能達到別人未知的境界。不管何種形式的逆向思考，立意成不成功，關鍵在你是不是有創新的思維，以及嚴謹的獨立思考？如果不能合乎科學分析的檢驗，就變成標新立異而一文不值了。

範例 以〈知足常樂〉為例——主題強調精神世界要知足才能常樂。如果題目有另一個選擇：〈不知足常樂〉，就是逆向的思考，也可以說是翻案。朝人生的學習、奮鬥去思維，要不知足才能超越再超越。永遠進步才能常樂，是不是也是很好的說法呢？

三——畫龍點睛法

畫龍點睛是指繪畫或寫作時，在緊要處加上一筆或一、二精闢字句而使得整體作品靈活有色。一篇文章想要寫得出色，除了基本架構要求四平八穩，有好的開始、美妙的結尾，五臟六腑一一俱全外，如果缺少點睛之筆，文章就不容易顯得出色。在文章的關鍵處，用幾句話巧妙的點明主題，這篇文章就會顯得立意鮮明。

範例 以〈感人的一幕〉為例——某位命在旦夕的政治人物，為了喚醒選民支持他的政治夥伴，真誠的一跪，震撼人心；某位重量級的前行政院長重度中風多年，為了支持特定政黨，忽然從輪椅上直挺挺的站了起來，義薄雲天的諍言，就很有感染力。

四——一字立骨法

就是將文章的中心思想，概括為一個詞語或一句話，做為文章的骨幹。然後文章就圍繞這個詞語，多角度的表現。

範例 以李白的〈蜀道難〉為例——它的詩眼就是「難」字，或者說「蜀道之難，難於上青天」，整首詩就圍繞著這個主題反覆抒寫。

五——舊意翻新法

就是從傳統的看法中翻出新意，這種立意的關鍵仍然在創新。創新並不是空中樓閣，也不能無中生有。所謂從舊意翻出新意，就是要打破舊的思維，挖出老題材，進行再創造，從大家已形成固定看法的人、事、物中翻出新的意思。

範例 以〈耕耘與收穫〉為例——你可以說「一分耕耘，一分收穫」，「要怎麼收穫，先怎麼栽」；試試看，如果改成「一分耕耘不見得有一分收穫，但是一分收穫絕對來自一分的耕耘」，是不是耳目一新，更有說服力？

●注意事項

立意，要在正確的人生觀、準確的思考方法、明確的邏輯分析的條件下，才能圓滿確立文章的主題，進而達到創造新意的境界。

●寫作起步走

請參考立意的幾個手法，分別以五十字至一百字，扼要說明下列文章的立意。

一、一次難忘的比賽　二、媽，我並不比別人笨　三、補習

四、蟑螂　五、改名和改運　六、遺憾

七、老師，你不要走　八、我的週休二日　九、綠

十、輸和贏　十一、諸葛亮與三個臭皮匠　十二、錢

●參考習作

一——一次難忘的比賽（由小喻大法）

今年校慶跳繩比賽，就看大明與向東之爭了。向東樣樣都不行，就唯獨跳繩特別凸出，這回卯足了勁兒，經常看到他在苦練。一向稍占優勢的大明，比賽當天，竟然失誤連連，全班大失所望。有一天，老師把大明找來問：「媽媽說你是要讓向東癌末的奶奶開心，故意放水，是嗎？」大明點了點頭，老師微笑的拍拍他的肩膀。

二——媽，我並不比別人笨（由小喻大法）

張莉記憶力特別強，人人欽佩，但是我讀一百遍，記得比她久；蕭麗腦筋轉得快，人人稱讚，但是我誠懇踏實，大家喜歡我；李如佳家住華廈，開賓利車，人人羨慕，但是我很守分，覺得很幸福。媽媽，你放心，我並不比別人笨。

三——補習（逆向思考法）

補習，看起來是畸形的學習。君不見，多少莘莘學子，學校一下課，就背著書包往補習班衝，大家都說這是不正常的教育現象；但是做父母的，又拚命將孩子往補習班送。可是，反過來想，對領悟力差的學生，不管提早學習或者事後補救，對他們來說，這是一條可以期待的生路。

四——蟑螂（逆向思考法）

多數人一聽到或一想到蟑螂都十分厭惡。可是，聰明的你為什麼不想想，牠們為什麼可以繁殖幾億年而不衰微？聰明的你為什麼不去研究，「打不死的蟑螂」，究竟是怎麼一回事？

五——改名和改運（畫龍點睛法）

這些年很流行改名，很多人對父母取的菜市仔名，怪名字不好，認為太俗氣，找理由到戶政事務所改名。至於事業不順利，也有不少人怪運氣不好，找道士求救，設法去改運。但很少人深思，要改的往往是自己的心呢！

六——遺憾（畫龍點睛法）

論考試，難不倒她；論琴藝，沒人比得過她；論外貌，她是學校校花。很可惜，她的眼睛一向長在頭頂上，對待任何人總是顯得傲慢，這是老師們覺得最大的遺憾。

七——老師，你不要走（畫龍點睛法）

陳老師調校成功，準備和大家話別。很多同學準備了禮物，有人帶一束鮮花，有人帶土產……

氣氛十分低迷，大家依依不捨。忽然陸大器站起來詼諧的笑著說：「好膽你就別走！……」全班笑成一團，「老師，你不要走……」同學們的懇求聲，此起彼落。聽在老師心裡，好不難受！

八——我的週休二日（一字立骨法）

哥哥求媽媽，週休二日讓他多玩一下手機遊戲，好嗎？妹妹求爸爸，週休二日帶她去百貨公司逛逛，好嗎？爸爸問我：「那你呢？有什麼要求？」我說：「週休二日，讓我自己靜一靜。」

九——綠（一字立骨法）

春天來了，山上的森林，油綠了起來；春天來了，遍地的草皮，清綠了起來。紅磚的圍牆縫也鑽出了三五處的新綠……春天來了，春色全被綠塗滿了。

十——輸和贏（一字立骨法）

輸和贏，本質上就是比。從小大家就習慣比，小時候比成績、比名次、比明星學校、比志願；長大以後呢？比名牌、比名車、比住家、比有錢、比有勢……。這是庸俗人生的比。換個思考，比比人品如何？比比價值如何？比比形象如何？你曾經這樣想過嗎？

十一——諸葛亮與三個臭皮匠（舊意翻新法）

三個臭皮匠勝過一個諸葛亮，大家耳熟能詳。說的是要我們同心協力、集思廣益，合作才有力量。關鍵得要看臭皮匠們合不合作？我們這個民族最大的弱點不就是喜歡各搞各的，向來不團結嗎？如果臭皮匠也是一盤散沙，永遠也趕不上諸葛亮的足智多謀呢！

十二——錢（舊意翻新法）

有人說錢是萬能的，有人說錢不是萬能的，更有人說沒有錢萬萬不能。我倒認為錢不是萬能不萬能的問題，錢是需要和有用的關係，需要就有用，有用就需要；不需要就沒有用，沒有用就不需要。慾望低一點，「錢」這檔事兒，是可以跳出它的束縛的。

構思訓練
設計藍圖

● 學習主題

構思，是指看清題旨，立定文章的主意以後，對於整篇文章的醞釀過程。簡單來說，構思就是下筆寫文章以前的預先構想與思考，是文章整體設計的功夫。為了使文章不至於像脫韁野馬漫無目的的亂跑，「構思」是進行寫作之前不可缺少的醞釀階段。

● 構思的重要

構思，是強調寫文章之前，要認真冷靜的面對題目，好好想一想這篇文章要先從哪裡寫起；從什麼角度來拓展思路；同時也要想到選擇什麼樣的材料來做文章的內容；並且進一步關照文章的整體輪廓和某些重要細節。就像蓋房子先要有個藍圖，做一道菜先要有個設計一樣，寫文章也必須在認清題目的意思，確立了文章的中心思想（主題）以後，要有一個粗略的藍圖和骨架。

一篇文章要怎麼開頭？怎麼結尾？中間部分又要怎麼表達？哪一個部分要詳細的寫，哪一個部分要簡略的寫？什麼部分可以一筆輕輕帶過，哪些地方又要凸顯它的重點？學習者要進行全面的構想、思考，打算如何又快速又準確的設計出文章的美麗藍圖，搭成四平八穩的骨架子。如果能把和題目有關的材料做很妥當的安排設計，分門別類整理，然後再根據主題的要求好好剪裁，仔細取捨，經過這個醞釀的過程，再下筆寫作，文章就能打哪裡中哪裡了。

● 寫作要訣

(一) 確立文章的中心　文章不可以離開主題。不管是記敘、抒情、說明、議論任何一類文體，都要嚴守這個要求；其次，無論是開頭、中間、結尾也都不能偏離文章的主題。

範例　以〈淡水暮色〉為例——就要扣緊「淡水」、「暮色」（黃昏的景色）。

(二) 多角度構思材料　在構思材料方面，要採多元輻射的角度，針對文章的主旨，準確的規劃幾條靈感路線。從景、事、物、人中蒐集合適的材料，並且安排不同時空的轉換，創造立體感。

範例　以〈淡水暮色〉為例——至少應該捕捉到淡水落日、漁人碼頭、淡水老街、淡水阿給、捷運站、阿婆鐵蛋、渡船頭等材料。

(三) 精心排列組織篇章　根據文章題目的要求，將材料剪裁妥當後，按照開頭→中間→結尾的順序，將片段材料貫串起來。語言像一堆磚瓦，必須細心的排列組織，才能成為一堵牆，或一間屋子。文章做有系統的由點到線到面的構思序列，就不難寫出一篇好文章。

●表現技法

不同的文體有不同的構思，但是同一個題目也因為個人生活經驗的不同，而有不同的構思。一樣的烹飪材料，大廚美妙的構思，可以做出不凡的美味佳餚；一樣的璞玉原石，巧匠精湛的設計，可以雕琢成驚人的作品。

反過來講，如果構思不得法，技巧不得妙，縱然你有千言卻往往離題萬里。以下提供幾種新穎的構思方法。

一　扣緊題眼法

精確把握題意，點明題目的關鍵。

例1　以〈充實的一天〉為例——題眼是「充實的」，經過具體事實的敘述，來凸顯這「一天」。有位同學，以陪嚴肅的父親釣魚為背景，透過父子輕鬆的對話，敘說父親人生的起伏成敗，成長的喜怒哀樂，當年追求媽媽的高潮迭起等等，主題就很新穎感人。

例2　以〈我忍不住哭了〉為例——題眼是「忍不住」，經過種種變化之後出現的情況——

「哭了」。有位學生，以「我」的爸媽受到祖父的大聲責備而默默接受，聯想到爸媽對自己苦口婆心的管教。「我」卻經常使性子、不領情，在具體的場景以及不同時空的對照下，「我忍不住哭了」，構思就完整了。

二——順藤摸瓜法

是說順著瓜藤去摸索瓜果，比喻循著一定的線索去追根究柢，這裡用來比喻一種構思方法。

範例　以〈龍眼蜜〉為例——有位學生這麼構思：有一次，他到彰化外婆家的養蜂場，仔細看了蜜蜂的釀蜜後，深受感動。透過蜜蜂釀蜜的過程，自然生動的呈現：想到那些在一大片菜圃中辛勤的菜農也是在釀蜜——為自己，也為別人釀造著人生的蜜，最後夢見自己變成了一隻小蜜蜂，這是他「龍眼蜜」的構思過程。那蜜蜂釀蜜的過程，就是全文的主要線索，（順）著這條線索（藤）想像（摸）下去，就完成全文所要表現的中心思想（瓜）了。

三——左右逢源法

是說處處都可以遇到源頭，比喻事情無論怎樣進行都很順利。

(一)滾雪球

以一個「核心點」，隨著材料的增加、思考的多元、體會的深入，向外展開聯想，從這個核心點，像滾雪球般愈滾愈大。

範例 以〈做一個點火的人〉為例——可以從「至愛」這個核心點出發，迸發不管小處或大處之愛，都是燃燒自己，照亮別人的表現。周大觀《我還有一隻腳》的生命之愛，劉俠對於命運的打擊，不怨天、不尤人，引領殘障團體的燈塔之光；慈濟宗教團體，不分國內外、膚色人種的人道關懷，這些都是「點火的人」。把握「點火」的精神，這個軸心點，像滾雪球一般，愈滾局面愈大，內容就愈豐富。

(二) 集中收斂

將零散雜亂的材料做整理分析，歸納出共通點，把所有事件集中在一個「點」上進行敘寫。

範例 以〈爸爸改運記〉為例——有人這麼構思：以爸爸二十年的人生歷程為基礎，述說工作的不如意，頻頻改運，內容有冥婚、改祖宗牌位座向。室內設計一再更動，甚至捐大錢，請神壇大師改運等等。

將「改運」分成很多區塊，一一道盡，最後歸納出：「我不能責備爸爸對命運的執迷。但是，漸漸長大的我，相信把握人生，努力實踐，就是最真實的命運。」

●注意事項

構思是文章思路的開拓：思路清晰，文章的條理就會很清楚；思路廣闊，文章的內容就會很充實；思路敏銳，文章的感染力就會很強烈。戲法人人會變，各有巧妙不同。同學們，來一趟創新的構思吧！

●寫作起步走

請運用以上構思的幾種要領，分別以五十字到一百字，完成下列題目的構思藍圖。

一、美的夢境　二、○○老師上講台　三、最遙遠的距離
四、假如我是詩人　五、獎　六、電線桿上的麻雀
七、小雨滴的話　八、回家吧！妹妹　九、萬花筒
十、三十年後的我　十一、生活中的發現　十二、我的煩惱

●參考習作

一——美的夢境

（一）裊裊的檀香，灑落一紙的文字，與王維獨坐幽篁裡，彈琴復長嘯。

（二）與李白撈月，月下獨酌，對影成三人。

（三）與曹雪芹共遊紅樓，品味《紅樓夢》裡的甜蜜與辛酸。

(四)與阮籍、嵇康同在魏晉，感受時代的如履薄冰和茫然無措。

(五)與李清照「尋尋覓覓，冷冷清清……梧桐更兼細雨，到黃昏、點點滴滴。」叮嚀在乍暖還寒的時節，多添幾件衣裳；聞著敦煌石窟裡卷軸的斷簡殘篇，想像天女散花，豐富多彩的姿態，那種視覺與嗅覺刺激的美……

(六)聽說醉酒後的詩人，也喜歡乘著小舟，享受夜的靜謐，等不及李白的答覆……一覺醒來，恍如隔世，原來在圖書館片刻的小憩，如此的美。

二——〇〇老師上講台

(一)描敘老師的相貌。

(二)描敘老師的講課聲。

(三)描敘老師的動作。

(四)描敘老師的口頭禪、招牌笑話。

(五)描敘老師的個性。

(六)發抒老師的心事。

三——最遙遠的距離

(一)記憶：世界上最遙遠的距離，是我在你身邊，你卻不記得我愛你。

（二）愛情：世界上最遙遠的距離，是我在你身邊，你卻不知道我愛你。
（三）親情：世界上最遙遠的距離，是我在你身邊，卻不知道如何愛你，也不知道如何救你，
或者是救不了你。
（四）陌生人不伸手援助：世界上最遙遠的距離，是我在你身邊，卻不願意救你。

四——假如我是詩人

（一）為自然寫詩。
（二）為人類寫詩。
（三）為萬事萬物寫詩。
（四）為生命寫詩。
（五）用詩感動人。
（六）用詩拯救生命免於危難。

五——獎

（一）實質的獎：學業、事業、國家、社會……
（二）無形的獎：父母及親友的鼓勵、讚美、環境的回饋、自己成功的獎、心靈成長對自己
的獎勵……

六──電線桿上的麻雀

（一）麻雀的羽毛、嘴等等相貌的描寫。

（二）麻雀站在電線桿上的姿勢，敘寫其靈動的樣態。

（三）麻雀內在心靈的想望。

（四）麻雀是譜曲家，粗食淡飯，卻日日與音樂做伴。牠們日日上崗，著重互動的樣貌和呈現曲調的優雅。

七──小雨滴的話

（一）雨的絮語構成詩篇。

（二）雨的對話構成很多個故事：彼此的對話，與人的對話。

（三）雨與其他動物植物的互動。

（四）雨和傘、窗戶、建築物的對話。

八──回家吧！妹妹

（一）妹妹喜歡體驗各種環境。

（二）陪妹妹尋找爸爸媽媽，但是媽媽在遠方工作，不在身邊。

（三）和妹妹一起聆聽聲音、觸摸感覺各種植物和動物。

（四）陪妹妹一起編故事。

（五）大家一起回家吃飯，全家團聚的景象。

九——萬花筒

（一）各種顏色的彩色紙片。

（二）人生也如萬花筒，各種不同的際遇和機緣，造成了不同的人生觀。

（三）世界各色人種也如萬花筒，有不同的特色和特質。

十——三十年後的我

（一）十五志於學。

（二）三十而立：立身、家、業。

（三）四十而不惑：明白了社會、自己、責任。

（四）五十而知天命：知生命、知自己、知情。

（五）六十而耳順：看透人生、看透生命、看透名利（主要描寫，並扣合前面）。

（六）七十而從心所欲，不逾矩。

十一——生活中的發現

（一）各家窗台和盆栽的故事。

（二）平常日的風景，尋常人家。

（三）圖書館。

（四）美的探尋：曙光、斜陽、餘暉、月色、萬家燈火。

（五）餐桌上的溫暖。

十二——我的煩惱

（一）對自身的煩惱。

（二）對家庭的煩惱。

（三）對學生的煩惱。

（四）對社會的煩惱。

（周宛亭）

選材訓練

選米做巧婦

●學習主題

選材，是指透過生活觀察、人生經驗和具體感受的不同角度，我們會捕捉到豐富的寫作材料，但必須經過嚴格的篩選、提煉。蒐集寫作材料，先要求廣博豐實；選取素材，則要求去蕪存菁。對於材料要進行分析研究，嚴格取捨、剪裁，然後選用，才能寫出不落俗套的文章。

●選材的重要

俗話說：「巧婦難為無米之炊。」寫文章好比煮飯一樣，沒有豐富的材料——「米」，便寫不出美妙的文章——「炊」。然而有了各種材料以後，還要面臨如何選材的問題，寫文章是要講究選材的。

魯迅說：「選材要嚴。」就一個作文題來說，可能有很多材料都能夠表現這篇文章的主題，但是在進行寫作時，把所有的材料一股腦兒全塞到文章裡，往往不太適當，使得過多的材料淹沒主題，就會造成文章繁複雜亂的毛病。

因此，我們在處理材料時，一定要懂得篩選。

●寫作要訣

㈠**材料要有代表性** 是指選取的材料要具有典型意義，這樣才能發揮文章的說服力和表現力，引起別人的共鳴。典型的材料，就是能把握人們共通的經驗、情感，這樣才能建立合情合理的內容。

㈡**材料要有新鮮感** 大自然不是缺少美，而是缺少發現。同樣的，在我們生活中並不缺乏新穎的材料，而是缺乏捕捉的能力。創造新穎的材料，需要匠心獨運，慧眼獨具。北方有句土話：「不吃別人嚼過的饃。」就是這個意思。

㈢**宜選自己熟悉的材料** 選定自己熟悉的材料來寫，即使不能創造佳作，至少也會寫出像樣的作品。材料熟悉，寫起文章來就得心應手，很多學生會誤以為材料愈奇特愈好，放棄自己熟悉的東西不寫而去寫不熟悉的材料，結果往往吃力不討好。所以，在生活中選取熟悉的材料，比較容易寫出感人出色的作品。

●表現技法

一——嚴格篩選法

搜尋到材料，不能照單全收，要認真進行取捨，不能糊裡糊塗的以為「撿到籃裡就是菜」。篩選的原則就是扣緊主題，與文章中心思想關係不密切的，就要剪裁乾淨；老掉牙的、稀奇古怪的、庸俗沒意義的材料要仔細的的篩選。

範例　以〈影響我最深的一位師長〉為例——正面的材料：生活樸實、教學認真、以身作則、學問淵博、講課生動、默默耕耘，這些角度的具體材料就可選用；負面的材料：偏心、好鬥、口無遮攔、愛管閒事、遲到早退、獨來獨往、打罵無情等具體材料就應避免選用。

二——以少勝多法

處理材料時，要選取最具有典型意義的材料，以收到以一當百的效果。「以少勝多」，所強調的「少」，並不是不分青紅皂白的大量刪減材料，而是扣緊最能與文章結合的材料。記敘文就要選取最精采的片段，或者最重要的人物、最凸出的事件、最新鮮的經歷等，捨去一般性的題材，文章就會顯得精采、扼要、凸出、鮮明。

範例　以〈升學的難題〉為例——可以選取一家人共進晚餐的場景做為敘述的重點。內容扣緊面對升學主義的困惑，在現實與理想、興趣與別人眼光的種種矛盾中，凸顯家庭、學校、社會的問題，將困擾許多家庭的升學難題，拉到社會人生的層面來進行評論，或者呈現無奈、感傷等，都是很好的材料。

三——由舊翻新法

以打破傳統的思考模式，將大家已經習以為常的人、事、物中「翻」出新的意思來；或者從老的故事題材中，進行再創造，使文章產生創新的材料。

範例　以〈耕耘與收穫〉為例——一般學生都會在「一分耕耘，一分收穫」或者「要怎麼收穫，先怎麼栽」上打轉，大家都這麼寫，就千篇一律，了無新意了。如果我們換個新思維：「一分耕耘，不見得有一分收穫；一分收穫，卻絕對來自一分的耕耘。」就比一般的說法更深入、更新穎、更有說服力。

從這個角度再去搜尋選材，強調「一分耕耘卻沒有一分收穫」，可能是耕耘的方式、時間、技巧、智慧不對或不夠等，以多角度的方式建立論點找具體的材料，就能翻出新意而引人注目了。

四——詳略處理法

針對所選定的材料，配合主題的要求做適當的安排。可以做為文章的主要材料的，我們就採取「詳寫」；只能做為內容的次要材料的，就採取「略寫」。

範例　以〈參觀人體器官展〉為例——可以先略寫展覽館的概貌，然後詳細刻劃參觀人體器官展的具體記敘與感受，展覽物件中還可以再根據主要和次要的材料，又分詳寫和略寫，輕重有別的展開文章的變化。

●注意事項

同學們，想要在文章內容上有所創新，讓看了你文章的人都能耳目一新、讚不絕口，就必須在選材方面培養各種創新的思維。

●寫作起步走

請針對下列各題，從選材的角度，分別以條列式的方式，提出你最後確認的材料，字數在一百字左右。

一、遺憾　二、吃冰的滋味　三、一張舊照片
四、野丫頭　五、夢見一個古人　六、童年往事
七、一次競賽的經驗　八、爸爸的摩托車　九、四眼田雞的煩惱
十、朝霧　十一、忍　十二、廣告天地

●參考習作

一——遺憾

（一）以祖母（其他對象也行）罹患癌症起筆。

（二）幫忙協助擦澡，煮餐點。

（三）死亡前的最後一口牛奶。

（四）守靈到出殯，遺憾的是無法再多多陪伴祖母。

二——吃冰的滋味

（一）冰的種類：冰淇淋、黑糖刨冰、雪花冰、綿綿冰、清冰……

（二）家鄉的小冰店，老阿嬤的蜜豆冰。

（三）盛夏吃冰的滋味。

（四）北海道冬天吃冰的滋味。

（五）義大利古城裡吃冰的滋味。

三——一張舊照片

（一）阿嬤抱著孫子（女）的照片：描摹阿嬤和嬰孩的模樣，蜷曲的黑髮，黝黑發亮的臉龐，壯碩的身軀。

（二）照片後頭的嬰兒床有個小縫，調皮的嬰孩曾經鑽出小縫，悄悄爬至田埂，全身泥濘，卻玩得不亦樂乎！

（三）嬰兒床後頭有一株茂密的九重葛，一直是家中的盆栽，院落中還有椰子樹和龍眼樹。

（四）睹物思人，緊抱嬰兒的阿嬤，如今卻已不在人世。阿嬤離世前的最後一口稀飯，是孫女親自扶著餵的；剩下的，都倒給阿嬤最鍾愛的九重葛。阿嬤離世那年，椰子樹雖然屹立著，但是龍眼樹沒有結果實。

四——野丫頭

（一）野丫頭從小就像個男生，小男生愛的她都愛。

（二）爬樹，爬到百年榕樹上，眺望嘉南平原。

（三）在嘉南大圳裡，到處嬉遊。

（四）將阿公珍藏的苦茶糖，大把大把分送給左鄰右舍的小孩子。

（五）幫忙家裡的母豬做接生，用手拉出一隻隻小豬仔。

（六）農作物：番茄、番薯、稻米、芝麻、椰子、龍眼、青蔥。

（七）到處都是遊樂場：魚塭、田園、竹林、土地公廟……

（八）視角在「野」字。

五——夢見一個古人（這個題目屬於開放型，除了以下舉例，人物可以另外自由選擇）

（一）倉頡　（二）李白　（三）白居易
（四）李清照　（五）曹雪芹　（六）莎士比亞
（七）英國詩人濟慈　（八）美國作家康明斯

六——童年往事

（一）網蜻蜓、抓泥鰍、打芭樂……
（二）爬牆、罰站、不寫作業。
（三）下課騎馬打仗、上課睡覺。
（四）幫忙插秧、除草、收成。
（五）帶牛吃草、餵雞餵鴨。
（六）視角重點放在「往事材料的搜尋」。

七——一次競賽的經驗

（一）國小時參加鄉鎮運動會排球比賽。
（二）初賽遇到選手各個人高馬大，身材矮小的隊伍如何得勝？
（三）原先非常喪氣。
（四）突然發現了對手其實只會發球。

（五）奮力取得發球權。

（六）一路苦苦追趕。

（七）最終大逆轉得勝。

八——爸爸的摩托車

（一）帥氣的外型，龍頭的把手成流線型，輪子比現在看到的摩托車略大。

（二）油箱後面有一個位置，那是我的寶座；爸爸常騎著它，帶我去看電影或去民歌西餐廳聽音樂。

（三）全家人一起出遊時，我坐最前面，爸媽中間夾著大妹，媽媽還背著小妹。

（四）它負載了全家人的幸福，也給我們一家人美好的回憶。

九——四眼田雞的煩惱

（一）拿下眼鏡，視線模糊，看不清楚。

（二）戴著眼鏡，眼鏡很重，鼻梁不適。

（三）打球時，眼鏡容易被撞壞；流汗時，眼鏡容易從鼻梁脫落。

（四）視野不夠廣，看不清楚東西。

（五）若還有散光，遇到光線會把物體看成多重影像。

（六）泡溫泉時完全看不清楚地面，走路容易跌倒。

十——朝霧

（一）七股的朝霧：一望無際的白，看不到盡頭，只能沿著路走。

（二）太平山的朝霧：濃密的霧，只有在林木之間會稍微稀薄些，環繞著山頭和森林，沿著林道走，有微光透出來。

（三）阿里山樂野國小的朝霧：完全看不到學校，山上孩子的歌聲清新，清靈的從晨霧中穿透出來。

（四）飄散在髮間，頭髮微微濕潤，葉面上也有薄薄的水珠。鼻子吸進的空氣帶著森林的氣息，也有點迷離、有點潮濕，潤澤著陽光溫暖的溫度。

十一——忍

（一）面對不公，別氣憤，別抓狂，氣憤無法解決問題。

（二）有肚量去容忍那些不能改變的事，有勇氣去改變那些可能改變的事，有智能去區別是非黑白的事。這是成功者要具備的三個素質。能按別人的意見辦的，就不堅持己見，退一步，海闊天空；而且如果是按別人的意見辦的，錯誤也就有所分擔。

（三）大是大非，不能退讓；但小事情，盡量傾聽別人的意見。

（四）忍的古例

1《論語・衛靈公篇》孔子說：「巧言亂德，小不忍則亂大謀。」

2《孟子・告子篇》孟子說：「所以動心忍性，增益其所不能。」

十二——廣告天地

（一）銷售人們的盼望和夢想：變美、變健康、生活更舒適。

（二）宣傳在地文化。

（三）宣傳個人風範和政績：選舉。

（四）防疫防災宣導。

（五）運動廣告。

（六）公益廣告：微電影。

（周宛亭）

結構訓練

定一個好骨架

● 學習主題

結構，就是把選擇妥當、準備寫入文章中的所有材料，進行有條有理的組織和層次分明的安排。廣義來說，文章的結構，包括了文章寫作層次與各個段落之間的規劃；同時也包括了文章的開頭、結尾、過渡、照應、詳寫、略寫等等的安排。

● 結構的重要

字面來說，結構是指文章的連結構造，也就是我們一般常講的文章的章法組織和謀篇布局。如果說，題目是文章的「靈魂」，材料是文章的「血肉」，那麼結構就是文章的「骨骼」了。

當我們確立了明確的主題，蒐集選定豐富的材料之後，並不意味著就能寫出一篇精采的文章來。就拿蓋房子、建大樓為例，選定了建築的目標——土地，備妥了鋼筋水泥之後，如果沒有依據建築藍圖施工，就不能蓋出一幢美觀、完整、堅固的房子。同樣的道理，文章有了四平八穩的間架，材料才有所依從；沒有「骨骼」（結構），「血肉」（材料）就沒有附著的地方，而文章的「靈魂」（題目），就虛無縹渺，無所寄託了。

●寫作要訣

文章結構既然是一篇文章的骨架子，我們就要講究文章的整體和局部有沒有平衡勻稱？文章前後上下有沒有渾然一體？各個段落的局部安排有沒有曲折有趣？這些都是文章的基本任務。文章的整體設計要顧慮到是不是完整和諧？各個段落有沒有做到既各個獨立而不相妨礙，又縱橫交錯而相互呼應？這些都是對於結構應有的基本認識。

同學們寫文章時，必須要用心謀篇布局，講究章法設計。

古人有「鳳頭、豬肚、豹尾」的寫作結構法，意思是說，文章開頭要如鳳頭那麼美麗，內容要像豬肚那麼豐富可觀，結束要如豹尾那麼閃亮，每個環節都馬虎不得。

因此，文章究竟先寫什麼，後寫什麼；怎麼開頭，怎麼結尾；如何承接，如何轉折；怎麼樣過渡，怎麼樣照應；哪裡要詳細的寫，哪裡要簡略的寫，一切都要考慮周到，安排妥當，文章的結構才算成功。

● 表現技法

一——時間式

是指在寫「描寫」、「敘事」文章時，按照時間發展的先後次序，來安排組織材料的手法。

範例 以〈美麗的梨山〉為例——以寫景為主要內容，可以依時間推移做為基本架構。春天——千樹萬樹梨花開；夏天——新世紀梨果實纍纍；秋天——綠意未減，梨情漸漸轉淡；冬天——梨葉凋落，群山蕭索。運用時間的順序，交代一年四季色彩分明的美麗畫面，文章層次分明，主題的自然就更加凸出了。

二——空間式

就是按照空間（地方）的先後順序，來安排設計的結構手法。

範例 以〈回宜蘭老家〉為例——可以依空間的先後出現做為基本結構。比如說以火車路線做線索，可以從頭城→礁溪→宜蘭→羅東的敘述順序，記錄家鄉的人、事、景、物等。

三——對比式

就是把兩種明顯不同的人、事、物，或者同一人、事、物的正反兩個角度並列一起，讓材料形成鮮明的對照。

範例 以〈過去與現在的我〉為例——可以以「過去的我」和「現在的我」，做具體的對照比較，形成相互映襯烘托的強烈效果。

四——分類式

無論寫景狀物或寫人記事，都可以將材料進行分類，然後再根據主要、次要的順序進行描寫。

範例 以〈麻辣老師〉為例——可以將主人翁的特點、屬性先做分類，如外型、教學特性、怪異、迷人、嚇人……等做科學式的分類整理，然後再針對每一種事類，分別描寫敘述。

五——總分式

就是運用「總起——分述——總結」的結構手法。這種方法是最簡單並且最容易掌握的結構形式。「總起」，可以概括主要內容，也可以點明中心思想；「分述」必須是「總起」部分的具體敘述或說明；「總結」是最後部分，要做到呼應開頭與照應各個段落。

範例 以〈四喜臨門〉為例——先總述家裡四個人或四件事，同時帶來好兆頭；然後就依照順序分別記敘，最後再將「四喜」所帶來的喜氣做為總結，並且收束全文。

● 注意事項

安排或者組織文章的結構，一定要嚴謹，千萬不可產生有頭無尾、東拼西湊的毛病；設計要巧妙，盡可能做到新穎鮮明，不可落入俗套，這樣就具備好「骨架」了。

●寫作起步走

參考結構安排的幾種方法，分別以五十字左右，扼要說明下列題目的結構設計。

一、寶島的四季　　二、阿里山看日出　　三、最煩惱與最快樂的事
四、龍山寺　　五、我的好鄰居　　六、我的死黨們
七、六六大順　　八、觀察大自然日記　　九、我們一家都是人
十、我的一週記事

●參考習作

一——寶島的四季

（一）夏天：茂密繁盛綠意。
（二）秋天：蕭瑟涼意。
（三）冬天：寒冷。
（四）春天：回春。

二——阿里山看日出

（一）半夜搭車上山。

（二）賞櫻。
（三）晨霧。
（四）雲海裡的日出。
（五）日光照耀在鄒族的部落學校——孩子的歌聲舞蹈。

三——最煩惱與最快樂的事

（一）人生總是有得意有失意，有快樂也有煩惱。
（二）擷取最煩惱的具體事件。
（三）敘寫最快樂的具體事件。
（四）轉寫最快樂有時候也是最煩惱的具體事件。
（五）抒發懷抱：淡忘煩惱，記憶快樂。

四——龍山寺

第一進——山門

為四柱三間的歇山重簷式牌樓，也是入寺的第一道門，中央一對柱聯為孫科所題。此門由台北名匠廖石成設計，屋簷下密布網目斗栱，梁上安置貼金木雕，造形簡練而大器，與後方三川殿搭配，渾然一體。

第二進——正殿

龍山寺坐北朝南，面呈回字形，為中國古典三進四合院的宮殿式建築，由前殿、正殿、後殿及左右護龍構成。前殿為十一開間，分為三川殿、龍門廳、虎門廳。三川殿前有一對全台僅見的銅鑄蟠龍柱，正面牆堵則由花崗石與青斗石混合組構而成，牆上故事多出自《三國演義》和《封神榜》，富於教育意義。正殿屋頂採歇山重簷式，四面走馬廊共四十二根柱子構成，殿外牆堵留有多幅著名書法家石刻，殿內的螺旋藻井不費一釘一鐵，全由斗栱相嵌築構而成。

第三進——後殿

後殿屋頂採歇山重簷式，為典型儒、道教諸神佛供奉處。左右護龍各配有鐘樓與鼓樓，晨鐘暮鼓，其轎頂式扁六角形的屋頂，造形獨特。全寺屋頂脊帶和飛簷由龍鳳、麒麟等吉祥物造形，飾以剪黏和交趾陶，色彩瑰麗，堪稱台灣剪黏藝術的精華。

詩文饗宴

龍山寺有三多：神明多、雕刻多和匾額對聯多。

五——我的好鄰居

（一）兩家人彼此往來聊天融洽。

（二）互贈家裡所種的菜和烘焙的小點心。

（三）孩子一起玩積木和扮家家酒。

（四）兩家人一起烤肉。

六——我的死黨們

（一）一起學習　（二）一起做報告　（三）一起練習國樂和參加比賽

（四）一起辦活動　（五）一起參與祭孔典禮

七——六六大順

（一）中國立體思維，宇宙是由東、南、西、北、天（上）、地（下）六個面組成，如果人與這個「六面體」的大自然和諧相處，自是心境感覺舒適，「六六大順」，安泰如意。

（二）《左傳．隱公三年》有云：「君義、臣行、父慈、子孝、兄愛、弟敬，所謂六順也。」

（三）「六六」是吉利數字。

（四）心靈、學習、人際、社會、國家、宇宙，以這六項做書寫六順。

八——觀察大自然日記

（一）曙光　（二）晨霧　（三）晚霞　（四）夕陽　（五）星空　（六）滿月

九——我們都是一家人

（一）書寫家庭的溫暖和溫馨氣氛。

（二）災難來時，其他地區也需要我們援助與幫忙，如地震時的搜救和物資的救援。

（三）提出我們都是一家人，需要彼此關懷和給予幫助。

十一、我的一週記事

（一）晨起備餐　（二）教學　（三）閱讀和寫作

（四）運動　（五）聽音樂　（六）和家人談心，談天說地

（七）一起採買民生用品

（周宛亭）

寫作順序訓練
殊途同歸

● 學習主題

寫作順序，是指把計劃要寫的事，有條理、有層次，並且合情合理的完成。一篇文章確立中心主旨之後，接下來就要對所選取的材料進行有秩序的整理，按照主要的、次要的順序，一步一步的進行寫作。

● 寫作順序的重要

文章是靠具體的層次來表現中心思想的。所以，寫文章有沒有條理？就要看寫作層次的安排有沒有合理的秩序。記敘一件事，就要先考慮哪些先寫？哪些後寫？哪些需要詳細的寫？哪些可以輕輕帶過？前面的內容和後面的內容要怎樣銜接？段落與段落之間又要怎麼過渡和呼應？這些都包括在寫作順序的範疇之中。同學們下筆之前，如果能將要寫的材料想清楚，那麼寫作層次的安排就會妥當，文章內容就會清晰明白，思路文情就能流暢自然了。

寫作要訣

以記敘文來說，一般可以運用下面兩個方法：

(一)依照事物發展的自然順序進行　一般不外乎從時間先後和空間遠近的變化為次序。

(二)依照事物內容的發展關係進行　假如主題的細部材料豐富，那就依照內容主軸做全篇貫串的線索，規劃合理的步驟，一個段落接著一個段落，一個層次延續一個層次寫下來。能照前面兩點的提示，把握既定的思路發展，有秩序的寫作，這樣文章的中心思想自然就一目了然，鮮明可觀，而不會形成東拉西扯了。

表現技法

一——前因後果法

就是依照事件前因後果的順序來安排故事情節，也就是按照事物發展的來龍去脈進行記敘，完全依照事情的開始、發展和結果寫下來，這是寫作順序最基本的方法。運用前因後果法進行敘寫，最主要的是同學們要懂得分析自己所寫的這件事是如何發生的？過程是如何發展的？最後的結果又是如何？接著要合情合理的安排好你的寫作步驟，一般常用的就是這種「順敘法」：就是先寫事件的發生，交代原因；接著再寫事件的發展，交代過程細節；最後寫事件的結尾，交代事件的結果。

範例　以〈在一座紀念碑前〉為例——可以按照事情的起因、經過、結果做為寫作的順序。先寫參觀某一地點的紀念碑，細讀碑文的記載，最後寫對這位人物的稱讚。

二——前果後因法

就是先寫發生的事件的結果，後寫發生事件的起因。依照前果後因的順序來安排故事情節的手法，可以避免文章平鋪直敘，使內容變化曲折，引人入勝，產生共鳴的強烈印象。這種「倒敘」的寫作順序，要注意前後銜接是否自然，上下照應是否緊密。

範例　以〈一張昏黃的照片〉為例——可以採用倒敘手法，先交代這一張昏黃的照片是自己最珍惜的，然後倒敘引出它的來歷故事，最後陳述珍愛這張照片的原因。

三——插入回憶法

就是指在記敘事件的過程中，由於情節發展的需要，暫時停止主要敘述的線索，穿插其他回憶的內容，使文章的內容更豐富，故事更曲折。對全篇來說，主體的敘述順序並沒有改變，插入的只是附加的枝節而已。所以，這種手法不能喧賓奪主，加入的情節穿插結束後，仍然要回到原來主體敘述的發展，不可以干擾原本的寫作順序。

範例 以〈霧社遊記〉為例——先從地點、風光景物寫起，介紹霧社的原住民生活，轉而插入「霧社事件」，以緬懷的筆調做片段的補充，來強化「霧社遊記」的內涵。

四——多重敘述法

就是指記敘的事件有兩種或者多種以上的線索，事件的發展比較複雜，需要運用多種交叉敘寫的發展手法。這種題目往往有一條主線，其他都是副線。所以在進行交叉敘寫時，要分清主要與次要，處理有先有後。在各個線索交叉轉換之處，脈絡要清楚，主線要一脈相承，次線穿插不要錯亂，這樣事件發展才會條理分明。多重敘述法可以產生襯托、對比的效果，使事件情節更為曲折生動，可以加強作品表現的空間。

範例 以〈一場及時雨〉為例——可以用一場雨做為故事發展的背景，透過及時的一場雨，將一個悲傷的事件，及時轉變為驚喜的事件；主線次線交叉敘寫，內容就會多采多姿、富有曲折變化，發揮文章的感染力。

● 注意事項

一篇文章的寫作順序處理得宜，文章的事件情節就能在層次分明的基礎上，發揮思路順暢、記敘鮮明的作用了。

●寫作起步走

請根據下列題目，分別以五十字左右，寫出你對各個題目寫作順序的安排。

一、站在○○塑像前　二、一條圍巾　三、億載金城速寫

四、我終於懂了　五、我心中的寶貝　六、珍貴的禮物

七、媽媽替我剪指甲　八、忘不了　九、爺爺的遺物

十、走在愛河邊　十一、你們都不知道

十二、遊太平山（雪山、阿里山、玉山、壽山……）

●參考習作

一——站在林肯塑像前（前因後果法）

（一）來到美國林肯的紀念館，站在塑像前細讀這位傳奇人物的故事。

（二）一邊讀一邊想像自己來到南北戰爭時期。

（三）寫下對於林肯總統解放黑奴的感想。

二——一條圍巾（前果後因法）

（一）拿出一條已洗得破舊的圍巾，點出是媽媽幫我織的。

（二）回憶小時候和媽媽的故事，及點出媽媽為什麼會織這條圍巾。

（三）因為現在和媽媽分離，見到這條圍巾就會想起她。

三——億載金城速寫（插入回憶法）

（一）去台南玩，簡述台南的人文風景。

（二）到了億載金城，細寫那裡的景色。

（三）感嘆牡丹社事件及事後台灣的危機困境。

四——我終於懂了（多重敘述法）

（一）二〇一九年底全世界籠罩在新冠肺炎的陰影中，政府要求戴口罩、勤洗手、封邊境，一天比一天嚴格。一開始台灣百姓十分恐慌、納悶。

（二）歐美地區起初見到黃皮膚的人都避之惟恐不及，看到戴口罩的東方人就咆哮怒吼、甚至追打，認為這是亞洲人的病毒。防疫意識低，並不以為意。

（三）台灣成立國家集中製造口罩隊，從藥局—網購—便利超商，分階段供應兩片、七片、九片；搭車、上學、上班，嚴格規定戴口罩，大家深感不便。

（四）台灣疫情漸漸收斂、緩和；歐美等地區防疫部署太慢，造成大蔓延、大爆發。台灣境外封關步步為營，境內宣導得宜，全民配合度高，境內很快就控制住，連續零確診為全世界公衛表現的典範。

（五）台灣展現人飢己飢、人溺己溺的人道關懷，胸懷世界、兼善天下，以自製口罩援助世界各國，贏得全球的讚賞。我終於懂了。

文章線索訓練

有頭有緒

●學習主題

文章線索，是指在文章中安排一條主線來貫串全文各個情節的手法。「線索」，是敘述事件發展的脈絡，能抓緊線索，才能使文章結合成一個整體，鋪寫成一篇嚴謹而縝密的作品。

●文章線索的重要

什麼是線索？線索，一般是指事件發展的頭緒，柯南辦案，是根據線索去抽絲剝繭，才能釐清案情，讓真相大白。寫文章也是一樣，把握住線索，是文章謀篇布局的重要概念。記敘文中有很多細部情節的敘述，它必須依據一條主線來貫串整篇文章，文章才不會雜亂零碎。如果文章的線索不能明白確立，那麼，其他的章法結構就無從說起了，可以預期的是，文章內容自然是一盤散沙，雜亂無章了。

●寫作要訣

文章線索的確立，要先全盤掌握題旨，進而安排各個情節的發展。由於寫作材料五花八門，加上每位同學們的思路靈感也都千變萬化，因此，文章的線索也是多面向、多樣化的。安排文章的線索，必須與各個情節緊密相連，如果隨興發展，往往會像斷了線的風箏，拉也拉不回來，輕者成為文章的累贅，重者會造成文章離題的下場。

●表現技法

以下介紹安排線索的幾個方法，培養學生們安排文章主要線索的能力，做為貫串文章各個情節的基礎。

一——時間連結法

就是以時間做線索，把文章的各個材料結合為一體；或者把文章的細部情節發展，緊密連結在一起。這是安排文章線索最普遍的方法，它常運用於記敘文，因為一般寫作習慣都是以時間為主軸，做為事件發展順序的依據，它的優點是條理分明。

範例 以〈台北一〇一〉為例——可以透過一〇一大樓窗外所見，以時間作連結，記敘台北信義計畫區這幾十年的急遽變化，呈現古今強烈的對比，進而抒發自己的感受。

二——空間連結法

就是以空間做線索，藉由地點的轉換來安排文章線索的發展。透過一個場景接著一個場景，一個地點接著一個地點，進行事件的記敘或景物的描寫。以空間連結做為文章線索的手法，要注意段落與段落之間的連貫性，以及文章前後的相互照應，避免材料支離破碎，形成文章線索割裂不全的毛病。

範例 以〈這裡是一條小吃街〉為例——既然是小吃街，就不會只介紹一、二個商家，此時就適合以空間做連結，按照地點或方位的順序，有條不紊的深入敘寫，這樣文章的層次就會分明。

三——人物連結法

就是以人物的形象或性情做為文章線索的安排，達到貫串全文的效果。有些文章可以以人物做線索，描述人的文章，通常會有比較多的事件，這些事件往往是片段的，通常比較瑣碎，除了上述兩種手法之外，圍繞著人物做為文章線索，是比較妥當的安排。以人物為線索，那些散漫的線索就不會顯得雜亂。選擇這種手法時，要對這位貫串全文線索的主人翁，有鮮明、細膩、完整的刻劃，人物形象凸出，再以他來貫串材料連結事件，才會顯得結實與嚴謹。

範例 以〈身心障礙朋友不孤單〉為例——可以身心障礙者做為貫串文章線索的核心，然後選取眾人對他幫助、關心的具體事實來呈現溫馨的感受，這樣的安排，就會材料豐富而不駁雜了。

四 —— 主要事件連結法

就是在一篇文章之中有幾條線索同時在進行，這時候要選擇主要的核心事件做為文章線索，帶動其他次要事件（線索發展），以來貫串全文。這種選擇，一般是用在事件比較複雜的記敘文，一篇文章需要交代的事件多，如果沒有分清主要次要的輕重地位，文章就會顯得很雜亂。

範例　以〈阿里山觀日出〉為例 —— 以「觀日出」為主要敘述核心，其他相關事件，如乘坐小火車、賞櫻花、聽嚮導說故事，可以一併敘述，但以「觀日出」為主，至於看得成、看不成都可以成為遊阿里山的答案。

● 注意事項

將散亂的珠子串接起來，就可以成為閃閃動人的珍珠項鍊。一篇記敘文章，可以按時間空間的變化做為線索，將文章連結起來；也可以依人物、主要事件做線索，將全文貫串合為一體。文章線索安排得宜，情節描寫就會緊密，事件敘述就會通暢。同學們，打鐵趁熱，就現學現賣吧！

● 寫作起步走

請根據上述安排文章線索的幾個方法，分別以五十個字完成下列各題。

一、懷念的家鄉味（韭菜盒子、花生豬腳、蚵仔煎、客家麻糬……）
二、夕照○○○（如：淡水河、孔廟、聖淘沙、撒哈拉……）
三、我最愛的運動（躲避球、棒球、籃球、桌球、羽球、花式溜冰……）
四、最愛的旅遊地點（印象中的迪士尼、武陵賞櫻、金字塔、肯亞……）
五、我心目中的偶像
六、棒球風波
七、○○○回台灣（明星運動選手）
八、校園見聞
九、班寶
十、環島旅行
十一、北海岸一日遊（內埔、迪化街、故宮、愛河、太魯閣……）
十二、級任老師發飆了
十三、林家花園，您早
十四、又到考試季節
十五、我家門前的流動攤販

● 參考習作

一——韭菜盒子（時間連結法）

那裡曾是整片的矮房舍，參差無章的門扉，不受控制的雀榕。國一早晨上學總經過大排長龍的隊伍，簡陋的棚下是油滋滋的韭菜盒子，和一張張仍倦著的臉。直到國三，那片學校旁的矮房掛起了白布條，新聞映著它的名字——華光社區。沒多久就全拆了，剩下一片空蕩，幾棵零星的雀榕，樹葉所剩不多，我想起那攤沒名字的韭菜盒子，沒機會再吃到那記憶中的美味了。（李承芳）

二——夕照布拉格（空間連結法）

夏令時間傍晚六點，街口大教堂的鐘聲厚重的到來，突破窒息的空氣，走在街頭。天剛轉為橘紅，布拉格早已死去，商家全數打烊，人們返家。這是歐陸國家常有的景象，特別是東歐，保有這種作息。

遠遠的一間小書店還透著金黃燈火，一旁的藥局像是死屍般暗沉沉的一聲也不響。夕陽愈是遠了，建築物漸漸只剩下剪影，色彩愈少。最後夕陽落入了教堂的兩棟鐘樓間，像是穩穩的坐進了教堂裡，至此，布拉格才真正宣告死亡。（李承芳）

三——花式溜冰（人物連結法）

陳巍悠然的滑過潔白的冰面，前一刻，數不清的觀眾正為他剛完成九分的後外點冰四周跳而喝采叫好。這個比賽場的風景很美，四周是灰藍的山嵐，一點鵝黃濡染著天色。又是一陣驚呼和掌聲，再一個四周跳引爆了全場。陳巍左右飄忽，觀眾的眼也跟著，等待下一次精采的飛躍。（李承芳）

四——武陵賞櫻（主要事件連結法）

往武陵農場的路程是一場饗宴。當窗面開始出現霧氣，氤氳降臨，漫漶悄至，一株株嫣紅若隱若現，那是我們所尋的櫻。從不濃妝豔抹，只是默默候著一絲目光。我看得忘我，忘卻我仍在坐車上山，而迎著我的，會是更多更大的悸動。（李承芳）

想像力訓練
一趟自由的飛行

●學習主題

想像力，就是利用已經知道的事實或觀念做基礎，推想出新觀念的能力。這裡的「想像」，是指一種寫作方法，就是寫作的人，憑著想像的翅膀，根據累積的生活經驗和知識，透過文字的描述，在腦海裡創造出自己從來沒有接觸過的新事物或新形象。

●寫作要訣

寫文章不完全等於照相攝影，它不是以巨細靡遺的敘事寫實當做最美的境界。寫文章有時候懂得運用「想像」，往往更能增加文章的內容，引起讀者感動的趣味。記敘如果只是純粹記錄事實，論說如果只是直接闡述道理，文章就會像記流水帳一樣，索然無味。所以，不管哪一種文體，發揮想像的空間，透過譬喻、轉化、誇飾等修辭手法，都是使具體事物更新鮮活潑，使抽象道理變得更具體明朗，讓整篇文章趣味起來的好途徑。

成功的作品，往往具有凸出的想像表現，如楊喚〈夏夜〉：「當街燈亮起來向村莊道過晚安，夏天的夜就輕輕的來了……來了！來了！從椰子樹梢上輕輕的爬下來了。撒了滿天的珍珠和一枚又大又亮的銀幣。」文中擬人的想像是不是特別讓人感到印象深刻呢？「珍珠」、「銀幣」，都是很鮮明亮麗的想像。又如鍾梅音〈鄉居閒情〉：「披著白斗蓬的隊長，領著牠的隊伍正向歸途行進，漸漸的愈游愈近，一批穿著背上印滿黑斑的淺褐制服的小兵，跟著牠們的隊長，開始登陸。」文中描寫「鴨寶寶回家」是不是趣味橫生呢？「白斗蓬」、「隊長」、「淺褐制服」、「登陸」等都是成功的想像。

●注意事項

㈠**有事實依據**　運用想像寫作，所描寫的情狀必須與事物相吻合，如上文所舉〈鄉居閒情〉中的「鴨寶寶回家」，就是把握了實際的情狀，才會讓人覺得栩栩如生。如果胡亂的憑空揑造，就會造成讓人滿頭霧水的感覺。

㈡**合乎情理**　想像是為了豐富文情的表現，以使得文句與文意之間都有突破性的效果。所以，必須要合情合理，讓人一看就懂。例如上文所舉的〈夏夜〉，以擬人手法描寫夏夜的美麗，又運用視覺的摹寫手法，以珍珠比擬星星，以銀幣比擬月亮。這些都是合情合理而且有意義的想像。

●表現技法

一——虛擬想像法

根據文章的需要，以嚮往的事物為出發點，運用假設想像的手法，來豐富文章的內涵，增強文章的創造性。

範例 以〈如果我能飛〉為例——我願意像鵬鳥一樣自由的翱翔：飛向日本，親嚐北海道的米雪；飛向美國，暢遊迪士尼；飛向……安排我快樂的暑假。以虛擬來開展豐富的想像，飛到世界各地，圓一個暑假的夢。

二——推測想像法

根據已有的材料或線索，對事物的原因、發展過程和結果，進行合情合理的推測想像，以此來發展文章的故事情節。

範例 以〈誰殺了張總裁〉為例——可以仿照卡通柯南辦案的手法，就已知的線索與條件，進行推測與想像，然後合情合理的歸納出真正的兇手。

三——發展想像法

根據原材料所提供的線索、範圍，透過合理的想像，延續情節的發展，構成完整合理的故事。

範例 以〈懶〉為例——其提示為大清早，尤其是在寒冬，被窩暖暖的，要想起床，真不容易。……（故事續寫）可以從鬧鐘響了又響，關了又關寫起，又以母親溫柔——急性——拉高嗓門——近乎斥罵的催促做襯托，極力敘寫自己賴床的懶惰成性，最後爸爸以手機把我叫醒了。

四——擬人想像法

就是運用擬人的手法，將人的思想感情賦與動植物或其他沒有生命的物體上，以豐富的想像來安排情節，構思完整的故事。

範例 以朱自清的〈春〉為例——「盼望著，盼望著，東風來了，春天的腳步近了。」以擬人的手法起筆，最後以：「春天，像剛落地的娃娃，從頭到腳都是新的，它生長著。春天，像小姑娘，花枝招展的，笑著，走著。春天，像健壯的青年，有鐵一般的胳膊和腰、腳，它領著我們上前去。」再以擬人、譬喻的手法，回顧全文做一總結，故能產生極大的感染力。

● 小小叮嚀

其他還有運用想像來說理、抒情、幻化、寓言創作等，同學可以根據想像的原理，嘗試不同的想像寫作。

● 寫作起步走

請揣摩想像的基本手法，以五十字到一百字完成下列各篇。

一、如果我有一雙翅膀　二、誰幹的好事　三、當我老的時候
四、麻雀（蝙蝠、蚯蚓、吳郭魚、鱷魚……）　五、假如我是校長
六、減肥記　七、吃冰的滋味　八、夏
九、我有一個美好的暑假　十、誰偷吃了蜂蜜　十一、夕陽無限好
十二、一隻流浪狗曾經來過……

● 參考習作

一——如果我有一雙翅膀（虛擬想像法）

如果我有一雙翅膀，我要飛到最冷的極地，問候北極熊日子過得好不好？如果我有一雙翅膀，我要飛到神祕的月宮，和嫦娥聊一聊寂寞的滋味。如果我有一雙翅膀，我要學鳳鳥振翅高飛，一翻就是九重天，帶領有志一同的鳥君子們，唱一曲和平的清音……

二——誰幹的好事（推測想像法）

插入門鎖，鑰匙並未轉動，門已輕啟。我大吃一驚，心知不妙，心裡馬上閃過一個念頭，有人闖空門了。大喊了幾聲狗兒的名字，也沒回應。沙發上的靠墊全攤在客廳；我躡手躡腳的往前挪，餐桌椅子邊報紙散落；再往前探，抽取式衛生紙咬得粉碎；被風帶上的門，臥室亂爪作響，哈哈！狗兒囚關其中，原來是牠幹的好事……

三——當我老的時候（發展想像法）

當我漸漸老的時候，聽不清老太婆聒噪的絮叨聲。偶爾見到熟人，老想不起來對方叫什麼名字？過不了多久，丟三落四，找東西總要找半天；搭捷運常常上錯線，要不就反方向；慢性病藥究竟吃了沒有，也搞不清楚；送貨員快遞，竟然記不起什麼時候上網訂的；當我漸漸老的時候，已經無法一口氣走上四樓公寓了……

四——麻雀（擬人想像法）

一身褐黃，我喜歡在迷濛的清晨親吻著大地，窸窸窣窣，來回踱步，覓食聊天。等我翅膀養得更壯，等我眼界更高，等我的天空更開闊，我也要像鵬鳥一般，竄向虛空，直上九重天。沒有競逐、沒有猜忌，我們一群群嘩啦啦疾飛向上，又慢翅浮翼，沒入曖曖的竹林中。

聯想訓練
從此到彼的連線

● 學習主題

聯想，是由一個事物、情境而想到其他相關事物的思考方式。聯想，做為一種寫作方法，是指在敘寫某個事物時又想到了與此相關的其他事物，於是把想到的材料，可以按照自然的順序，或者以穿插的方式寫出來。

● 聯想的重要

聯想是想像的一種方式，是從一個事物想到另一個事物的過程。想像和聯想都是一種思維的方法，同時都是寫作必須要具備的能力。一篇文章，在描寫景物、敘述事件或刻劃人物的時候，適當的運用聯想法，文章會更加多采多姿，內容也會更加靈活生動。

在寫作上來說，聯想有它存在的意義，只有運用聯想的思維技巧，才能上下幾千年，縱橫數萬里，進行廣泛的貫串、思維，任意的馳騁自己寫作的才華，寫出背景開闊、人物豐滿、文情並茂的作品。

●寫作要訣

(一)要從生活中累積豐富的閱歷。
(二)要從書籍中儲備淵博的知識。
(三)要長期自我訓練，開拓思路。

●表現技法

一——因果聯想法

由事件的原因，聯想到結果；或者從事件中一個印象最深刻的片段、細節，聯想到整個事件的原因、發展和結果，這樣的聯想叫做「因果聯想」。在文章寫作中，特別是比較簡單的記敘文，經常使用因果聯想。

範例　以〈醜菊〉為例——由去年種醜菊敘起，天天盼它開花，想看看「醜菊」究竟是怎麼個醜法，結果遲遲未開。今年，花開了，先是出現綠色小花苞，然後透出微笑；再過幾天，金黃顏色綻放，花終於開了；花瓣像傘似的自動收攏，又像撐傘似的張開。由此聯想到給它取名「醜菊」，是名不副實，太不公平了。由認識「醜菊」的過程，就是因果聯想的手法。

二——類比聯想法

從人、事或物的某一特徵寫起，按照人、事或物之間的相似點，去進行由「此」到「彼」的聯想，叫做「類比聯想」。類比聯想常用「好像」、「彷彿」等詞語，將甲事物和乙事物的相似點連結起來。

範例 以〈植物園的夏荷〉為例——荷花怎麼個美法？美在哪裡呢？就可以運用相似聯想法。從色澤上看，粉紅色的荷花像彩霞，白色的荷花像雪；從姿態上看，有的荷花像含羞的姑娘半遮著臉，有的荷花像睡美人還沒醒；荷葉上的水珠像珍珠，一池荷花在微風吹拂下，彷彿一群仙女翩翩起舞。

三——相關聯想法

甲事物與乙事物之間有著密切的關聯，我們一看到甲事物，往往就自然而然的聯想到與它有著某種關聯的乙事物，這種聯想叫做「相關聯想」。

範例 以〈激動的一刻〉為例——作者是棒球迷，得知中華隊揚威亞洲盃，擊敗日韓，在觀看重播錄影後，內心十分激動，並進而聯想到我們常處於國際困境，期待有朝一日也能如棒球隊一樣脫穎而出，揚眉吐氣。

四——對比聯想法

就是指在日常生活中，我們往往從甲事物聯想到某一方面與甲截然相反的乙事物，這種聯想叫做「對比聯想」。

範例 以〈兄弟情〉為例——「我」某一次生病在病榻上孤單、寂寞時，剛上幼稚園大班的弟弟來陪伴「我」，使「我」想起去年有一次十分野蠻的欺侮弟弟。透過這樣正反對比的聯想，進行兄弟間鮮明的對照，以「我」的粗暴反襯弟弟的深情，既表現弟弟的可愛、天真，也流露出自己真摯的情感。

五——輻射聯想法

就是以某一事物為中心，向各個方向輻射出去的聯想，這種聯想叫做「輻射聯想」。文章寫作經常運用這種手法來構思全篇文章。

範例 以〈黑板之歌〉為例——如果打算以感恩的心情，敘寫自己成長中若干老師的片段做組合，就可以拿「黑板」為線索來展開輻射聯想。

不管以時間為軸心，從小到大，選擇印象深刻的老師群，或者以同時期的各科教師展開輻射聯想，都是很合適的構思布局。

●注意事項

聯想法對於記敘、寫景、抒情、論說等文體，都有促進文章鮮明深刻、活潑生動的效果。同學們，不妨多多自我訓練，以加強文章表達的能力。

●寫作起步走

請引用上述聯想寫作的手法，就下列各題展開聯想，以五十字到二百字說明你的聯想大綱。

一、我錯怪了他　二、橋的聯想　三、汗水的啟示
四、痛哭的一晚　五、義工　六、冠軍的背後
七、夏日陽明山的午後　八、漁人碼頭狂想曲　九、這不是小事
十、一場誤會　十一、我心目中的偶像　十二、我嚮往的求學生涯
十三、搭計程車的經驗

●參考習作

一——我錯怪了他（因果聯想法）

最近小舟常常盯著我看，老覺得不對勁。午休沒闔上眼，她記我一筆；掃地沒掃乾淨，她也

記我一筆。她恐嚇我們說，缺點超過三次的一定會報告老師，我心裡氣她已經氣很久了。今天一早，溢滿了的垃圾桶，有一個塑膠袋吹到教室門邊。明明是值日生沒倒垃圾，老師卻對著我說：「是不是你扔的……」心想小舟一定常常在老師面前打小報告，老師才會沒事找我的碴。忽然她站起來說：「我剛剛走進來，還乾乾淨淨的，應該是風吹下來的……」原來，我錯怪了她……

注意事項 從誤會的「因」到恍然大悟的「果」，就是因果聯想法。

二——橋的聯想（類比聯想法）

外婆家鄉下的小溪上面鋪著一座長板橋，走在上面像吊鋼索；淡水漁人碼頭的橋，造型像個揚帆的船，充滿著自信、剛毅。至於橫跨兩端的陸橋，已少有人上上下下，冷落的場景，像空蕩蕩的長板凳，早就引不起大家的注意了……

注意事項 橋的樣貌、造型，就可以採用類比聯想法。

三——汗水的啟示（相關聯想法）

自從當上拔河選手開始，教練要大家每天一早到校，第一個項目是鍛鍊耐力，操場先跑個十圈；然後背沙袋半蹲，雙腳顫抖不已；最後的重頭戲就是粗繩綁著老榕樹頭，一二三、一二三……死命不斷的往後拉。一個小時後，全身濕透，汗水像不要錢似的，不斷從全身所有毛細孔竄出。我們終於過關斬將，榮獲縣賽第一名。想到我們的處境，在國際社會像個孤兒，長大以後，我們一定要像練拔河一樣，只有苦練再苦練，流汗再流汗，才會有成就。想要讓世界各國瞧得起，一切都要靠自己！

注意事項 從拔河比賽聯想到國家的處境，一切靠自己，就是相關聯想。

四——痛哭的一晚（對比聯想法）

我因為感冒引發肺炎住進醫院，還一度移入重病區，媽媽始終陪著我，又是擦汗、又是幫我抽痰，還不斷幫我量溫度……始終沒休息過。想到這一場病是怎麼來的，我就十分懊惱。記得我打完球回到家，全身濕答答，猛喝冰水，對著電扇吹，又開冷氣直吹。媽媽一直嘮叨，說這個不可、那個不行，我跟媽媽大吵一頓。到了半夜身體不對勁，硬撐不說，拖了幾天，人倒了下來，緊急送醫，醫生說是肺炎，媽媽急哭了……現在看到媽媽在病床邊打盹，點頭如搗蒜。我的淚水不聽使喚，暗暗飲泣一夜……

注意事項 從自己的耍脾氣到懊惱後悔；從媽媽的囉嗦、嘮叨到在病床邊細心照顧，都是運用了對比聯想法。

五——義工（輻射聯想法）

醫院的詢問處，義工除了幫人解答疑難，還面露微笑帶領訪客；公園的義工伯伯，一大早就出門幫忙打掃的婦人，無怨無尤的付出；台北捷運站上了年紀的義工群，指引著來來往往的旅客，該往哪邊搭車，該搭哪個電梯……

注意事項「義工」這個題目，可以以義工為核心焦點，運用「輻射聯想法」，鎖定各種地方、各種對象的義工，各式各樣的犧牲奉獻做謀篇布局。

章法訓練篇

「章法結構」就是文章的骨骼。文章的開頭要像「鳳頭」，美麗動人，能抓住讀者的目光，對讀者產生高度的吸引力。文章的中幅要像「豬肚」，琳瑯滿目、多采多姿。文章結尾要像「豹尾」，精采亮麗，充實有力，和開頭、正文前後呼應，才是好的結尾。

- 開頭訓練（一）
- 開頭訓練（二）
- 開展訓練
- 過渡訓練
- 照應訓練
- 結尾訓練（一）
- 結尾訓練（二）

開頭訓練（一）

引人入勝的效果

●學習主題

開頭，就是指文章第一段的布局。好的文章開頭，可以第一眼就引起別人的注意，使人很快就進入文章的核心，進而感受到、理解到文章的主題內容。文章開頭寫得好不好，直接影響到別人喜不喜歡這篇文章，願不願意將這篇文章看完。所以，把文章的開頭處理好，讓別人留下美好的第一印象，引起閱讀的濃厚興趣，是文章引人入勝的先頭部隊。

●文章開頭的重要

「鳳首」、「豬肚」、「豹尾」是美好文章的三部曲。「鳳首」，是指文章的開頭要像鳳凰頭冠一般的美麗動人，一下子就抓住讀者的目光。如此，文章的開頭就能對讀者產生高度的吸引力，帶領讀者興致勃勃的讀下去。反過來說，不好的開頭對文章常常造成平平淡淡，甚至文不對題等缺點，讓別人品嚐第一口就覺得索然無味，或者丈二金剛摸不著頭腦，就好像嗑瓜子第一顆就是壞的，往往倒盡胃口。所以，學生們一定要重視文章的開頭。

了解文章開頭的重要作用，以及開頭寫得好不好的影響，再來學習開頭的要領，就不會走冤枉路。文章的開頭千變萬化，有什麼樣的文體內容，就有什麼樣適合運用的開頭手法。

●寫作要訣

(一)成熟的立意構思　文章開頭的決定，來自於對整篇文章的通盤考量。學生們必須先對全篇的立意構思有了成熟的切磋琢磨之後，再來決定運用什麼開頭手法。

(二)發揮鳳首的作用　學會開頭的方法並不難，要真正能合適的運用才是關鍵。學生們學會以下幾個基本的開頭方法之後，就要能發揮作用，這樣子才算學得真本事。

●文章開頭的方法

一——開門見山法

也稱做破題法，這種手法是最常見的開頭法。開門見山，是個比喻的說法。「開門」，是指文章的開頭，就直接進入主題，交代這篇文章的人、事、時、地、物，或者要說明什麼道理、議論什麼事件、主張等等。開門見山法，能一下子就扣緊大家的注意力，造成鮮明強烈的印象。簡潔明快、扼要新鮮是它的特點，並且不容易造成文不對題的缺點。運用開門見山法要乾脆俐落、簡潔明快，不要兜圈子，不要門開了半天，還看不到山；其次，要運用適當，扣緊主題，不可胡亂濫用，搔不到癢處。

範例 以〈妹妹的眼睛〉為例——開頭第一句：「從妹妹出生以來，最讓我喜愛的是她的那雙大眼睛」，直接點出文章表現的焦點——妹妹的眼睛，達到言簡意賅的作用。接著可以說：「她黑白分明的眼珠子，是那麼天真、那麼純潔、那麼可愛。每當我心情煩悶的時候，看著妹妹無邪美麗的眼睛，再煩的事，我都能放了下來。」這樣的開頭，是不是很引人入勝？

二——曲徑通幽法

表面意思是曲折小路，通達幽靜之處。就文章開頭的手法來說，就是不直截了當的點明主題，而是曲曲折折的表達文章主題的方法。這種開頭手法與「開門見山」正好相反，它是在文章的開頭，安排一件令人好奇而又不能馬上知道事情底細的情節，形成懸念的效果。古人說：「文如看山不喜平」，文情曲折，從旁寫起，這種造成懸念的技巧，最能引起別人急切想知道真相的心理，使文章更具有引人入勝的魅力，產生「曲徑通幽」的美好感受。這種開頭手法要注意兩點：第一、如何製造懸念；第二、如何巧妙的盪回來。

範例 以〈我不再去網咖了〉為例——文章以懸念做開頭：「放學回家，我破天荒沒有去網咖打電動，也沒有和同路隊的同學一路玩回家。我一個人心情沉重，笑不出來，踉踉蹌蹌的拖著腳步往前走。」究竟出了什麼事？心情沉重又為哪樁？統統沒說，這種具有魔力的開頭，牢牢的抓住讀者的心，讀者為了要探個究竟，就會抱著急切的心情看下去。這是因為文章開頭創造了必要的懸疑環境，使文章一開篇就產生了很大的吸引力。

三——背景介紹法

在文章一開頭，就點明人、事、時、地、物，將後面所要描寫敘述的背景先做清楚介紹。這種開頭方法，由於人物、活動、事件、時間、地點都交代明白，文章的發展就顯得自然合理，水到渠成了，讀者在閱讀上不會感到突然或莫名其妙。所以，介紹背景的開頭法，使讀者很快就能領會出文章的核心，文章前呼後應，一目了然。運用這種手法，不要為介紹背景而介紹背景，要考慮合適、合情、合理、合宜，才是好的安排。

範例 以〈迎接新年〉為例——可以這麼開頭：「今天是一個令人難忘的日子，再過二十四小時，人類就要堂堂正正邁入二〇二一年了。」就是採取介紹背景的手法。

四——設問安排法

文章一開頭，就將所要敘寫的主要內容，以設問的形式寫下來，以引起讀者的注意。以提問做開頭的手法，可以避免呆板，使文章生動活潑，激發讀者閱讀的情趣。可以緊緊抓住讀者好奇的心理，增加文章的感染力，使文章更能引人入勝。

範例 以〈叔叔出事了〉為例——可以這樣寫起：「這些日子來，家裡的陌生客人忽然多了起來，又是警察伯伯，又是傳遞緊急郵件的郵差先生，還有里長伯伯等等，他們接二連三的到我家問東問西，為什麼會這樣呢？」以「設問」開頭，自然就形成懸疑的效果了。

● 寫作起步走

請就下列各題，從文章開頭的布局角度，提出構想與設計，每題字數在五十字到一百字之間。

一、恰到好處　二、一堂別開生面的數學課　三、小狗出生了
四、媽媽不在家　五、姊姊要出嫁　六、一場啞劇
七、被火吻身的奶奶　八、我是流浪狗之父　九、告訴你一個祕密
十、中廣爸爸　十一、鳳凰花開了　十二、我想回家

● 參考習作

一——恰到好處（開門見山法）

自我認識他以來，○○的個性就是如此拘謹而有條理，凡事都能處理得恰到好處。就算當了十多年的朋友，再一次見到他，內心依舊自然而然的生起肅然起敬的心。（許達文）

二——堂別開生面的數學課（曲徑通幽法）

今年的下學期，來了一位不曾見過的數學老師。這天，他一進了教室，什麼話也不說，就開始埋頭在黑板上，畫了一大片大小不一的圓形圖案，同學們面面相覷。突然，老師停下了筆，轉過身，開口說道……（許達文）

三——小狗出生了（背景介紹法）

九月八日這天，是個大喜之日，一群可愛的小生命誕生了，我們家的阿賴，產下了四隻稚嫩的小柴犬。瞧牠們天真無邪的模樣，真讓人想撫摸牠們吹彈可破的肌膚呢！……（許達文）

四——媽媽不在家（設問安排法）

這天下午放學後，我回到家裡，門口的大燈還未點亮，鞋櫃裡的鞋子少了一雙，一直以來準時端上桌的飯菜，也不在餐桌上。我看了看牆上的鐘，都已經這個時候了，媽媽怎麼不在家呢？……（許達文）

開頭訓練（二）

引人入勝的效果

● 學習主題

「好的開始是成功的一半」，做人處事如此，作文更是如此。文章開頭的第一個任務，就是引起別人強烈的閱讀動機。其次，文章開頭要為全篇文章做好定調的工作。一篇文章的風格特色，一落筆就要有明確的方向。第三個任務是要釐清思路，有條不紊的展開文章的第一步。

文章開頭的方法很多，主要是要能發揮新穎生動的效果和扣人心弦的吸引力。在把握切題、精闢、動人的原則下，去雕塑一個小而美的「鳳頭」。

● 常見的病灶

㈠**陳腔濫調，千篇一律**　很多人開頭的第一句，竟然都是「光陰似箭，日月如梭」。用多用爛了，就成了拙劣、呆板的公式。

（二）拐彎抹角，東拉西扯　有些學生一提筆作文，喜歡胡扯瞎編，處處兜圈子，始終進不了主題。

（三）本末倒置，喧賓奪主　這是分不清文章主要地位與次要地位，導致離題的毛病。

（四）文體不辨，解題不當　很多學生們不管什麼題目都用說明文的解釋題意法，原本記敘、寫景為主的文章，就倒盡胃口了。

（五）枯燥乏味，不痛不癢　有的文章一開頭就庸俗無趣，沒辦法引起別人的閱讀動機。例如寫〈我的爸爸〉，常常有人這麼寫：「我的爸爸，長得不胖也不瘦，不高也不矮，不帥也不醜……」這樣子開頭，文章能不枯燥無趣嗎？

● 寫作要訣

（一）文句簡潔。

（二）獨特新穎。

（三）切中題意。

● 表現技法

一——描寫景物法

在文章一開頭，就對眼前的自然景物做適度的描寫，然後再與人物、事件、情感相聯繫。這種以寫景入題的手法，除了刻意以寫景為主的文章外，通常都是做陪襯的，這是為了達到由景入情，進而達到情景交融的境界。

範例 以〈一件意外〉為例——可以從天空灰暗、烏雲密布的場景寫起，接著再敘述那一件意外的事。這種以寫景做開頭的手法，可以達到渲染、烘托的效果。

二——刻劃人物法

以人物的表相外貌、穿著打扮等等，來做為文章的開頭。這是記敘文常用的開頭手法。先從真實、鮮明、具體的外貌進行敘寫，然後再進一步描寫他的心境、人品等等，這種從具體到抽象的描寫，因為形象鮮明，躍然紙上，對於故事情節的發展，有引人入勝的效果。

範例 以〈我的新級任老師〉為例——「我的級任老師是個男老師，中等身材，面貌黝黑，雙目炯炯有神，話不多，眼珠子靈得很，鬢邊有幾根白髮，看上去嚴肅、正經、威儀十足，我心想這下完了。」透過人物的精緻刻劃，有利於文情的發展、性格的呈現。

三——抒發感情法

文章一開頭，就直接對景、人、事、物等，抒發自己主觀好惡的情感。這種手法安排得宜，最容易發揮感染人的效果，讀者與作者因為感情的認同，可以迅速產生共鳴。運用抒情做開頭時，必須緊緊扣住主題，同時要出於自然、誠懇、真切，這樣才不會無病呻吟，才能感動人心。抒情文字要簡潔優美，情境要新穎，聯想要豐富，避免庸俗、陳腐。

範例 以〈我們這一班〉為例——「對我來說，九年八班是一個充滿溫馨的代名詞。回想三年的國中生涯，經常有一股難以壓抑的聲音從心底迸發：『我愛九〇八』……」

四——主觀評論法

文章一開頭，就針對某一事件發表自己的主張和看法，然後再引出文章的主題。文章開頭先以幾句扼要精警的評論開端，目的是製造文章的吸引力。所以，評論要以事實做依據，並且要緊緊契合主題，不可空發議論。

範例 以〈點燈的人〉為例——可以這樣開頭：「這是人間的春風，這是愛心的呼喚。在我們周遭，有很多默默付出的人，奉獻自己無私的愛。我今天要記錄的，就是發生在我身上的一件感人的真實故事。」

● 注意事項

文章的開頭手法很多種，運用得巧可以引人入勝，引起閱讀動機，打贏作文的第一仗。但不要為了刻意與眾不同，而造成弄巧成拙的下場。

●寫作起步走

請參考上述文章開頭起筆的手法，完成下列題目的開頭設計，字數在五十字到一百字之間。

一、土石流下的部落　二、老師打人了　三、我的詩歌朗誦班
四、一件不幸的事　五、記一件感人肺腑的事　六、鬼月節說鬼故事
七、我的寵物○○　八、又見天災　九、○○得了血癌
十、讀經班的老師　十一、原住民的怒聲　十二、警察叔叔救救我

●參考習作

一──土石流下的部落（描寫景物法）

昨夜風強雨大。榮貴是高雄客運甲仙線的司機，來自小林村。一旁卻不再是熟悉的樹林，土壤石塊還有大量泥沙，猖狂的占據柏油路面，此時向壁的山丘發出隆隆巨響。他轉過頭，只見黃濁泥流夾雜巨石向他衝來……（陳日新）

二──老師打人了（刻劃人物法）

林老師不像別的老師，他總把襯衫塞進西裝褲裡，規規矩矩，也不怕人笑他的啤酒肚。他的臉滿是風霜，歲月畫下深深峽谷，頭頂上牛山濯濯；但那雙眼，卻像是浩瀚宇宙般，蘊藏無窮無盡的

學問。我心想這樣的老師一定很優秀，直到那天，我親眼目睹了——林老師打人。……（陳日新）

三——我的詩歌朗誦班（抒發感情法）

每次想到國小那年的夏天，滿滿溫馨的回憶湧上心頭：和同學嘻笑打鬧在夕陽下回家的身影、練習詩歌朗誦時大家專注的眼神、朗誦完時和台下同學相視而笑的默契……那個絕無僅有的暑假，回憶起舞台上難以直視的刺眼強光、籠罩全身的緊張、壓力。一句句字正腔圓，彷彿跟著時光流轉的抑揚頓挫，縈繞心頭，久久不去。（陳日新）

四——一件不幸的事（主觀評論法）

「紀律鬆散！」學長對著我們大吼：「我是這樣子教你們的嗎？」接著他降低聲量：社辦混亂骯髒，社員出席率每況愈下，儲藏室裡滿是蜘蛛網。我想，我們社團出了件很不幸的事。我今天要講的就是——我們是如何在幾個月內搞垮這裡的。……（陳日新）

開展訓練

孔雀開屏

● 學習主題

文章開展，是指文章的進行與拓展。它的任務是要以豐富的篇幅、充實的筆墨來進行文章漂亮的發展。一篇文章想要內容充實、具體有料，就必須練就一套文章開展的本領，才能根據題目的要旨，有計畫的進行與完成寫作的工作。

● 文章開展的重要

文章的開頭安排就緒後，接著就要決定如何展開、擴大文章的主題，進行詳細描寫、敘事、抒情、議論、說明等方向。文章發展的脈絡，要依據文章主旨來訂定，整篇文章的開展，目的就是要寫好這篇文章的主題內容。文體如果是寫景狀物，就要做到精緻細膩的描摹；如果是敘事，就要詳細鋪敘事件的前因後果；如果是記人，就要具體刻劃主人翁的言行舉止、心理變化；如果是議論，就要旗幟鮮明的提出獨到的主張；如果是說明，就要圓滿結實的闡釋道理。這樣子，才是文章開展的正確方向。

●寫作要訣

文章開展既然有一定方向的開拓與進行，那麼，一篇文章究竟要怎麼開展呢？進行文章開展之前，第一步要先確定自己寫作的思路，第二步再決定寫作的先後、輕重、主從、詳略等策略。經過深思熟慮之後，就進行實際寫作，從哪裡開頭？哪裡切入？哪個部分要詳細鋪敘？哪個部分要簡單勾勒？哪裡為主？哪裡為輔？心裡頭都要有個底。總之，文章是有方向、有步驟的開展，如果想到哪裡，就寫到哪裡，這樣文章就雜亂無章，談不上有方向的開展了。

學習文章開展，可以從簡單到繁複，一步一步自我訓練。如：描寫文可先從景物的次序描寫中，按照主要與次要景物的安排，達到襯托與凸顯的作用。記敘文可以從時間與空間的切換，或者人物、事件、活動的動態變化，分成幾個段落、層次來做鋪敘練習。一個段落，一個層次，開展熟練之後，再銜接組織，就成為一篇主題鮮明、內容充實的文章了。

在文章開展的過程中，要注意必須結合文章的開頭和結尾，讓文章的發展有跡可循，各個階段或各個層次，一方面要緊密相連，一方面也要自成系統，眉目分明。

● 表現技法

一——時間開展法

按照時間的發展歷程來組織文章的段落。一年四季的景致不同，依照時間做為文章開展的主軸，是最簡便、最常用的手法。從時間的變化做為敘事的區隔，對於複雜豐富的內容，能發揮以簡馭繁、有條有理的效果。

範例 以〈蠶寶寶的一生〉為例——可以依照時間的開展，敘寫蠶寶寶從出殼到吐絲結繭、破繭成蛾等完整過程。

二——空間開展法

按照空間（環境、地點）的場景變化來組織文章的段落。按照環境、地點的順序，規劃寫作發展的路線圖，這種手法有利於掌握文章的主線，達到提綱挈領、結構分明的效果。

範例 以〈木柵動物園參觀記〉為例——可以按照台灣動物區、昆蟲館、兒童動物區、熱帶雨林區、兩棲爬蟲動物館、沙漠動物區、澳洲動物區、鳥園區、企鵝館、溫帶動物區……等園區所規劃的先後路線圖，做為描敘的結構布局，就會顯得有條不紊、明白清楚了。

三——故事情節開展法

按照故事情節的發展來組織文章的段落。有些適合發展成故事性的文章，就可以運用故事情節發展做為文章的開展。這種手法同樣可以透過不同情節的變化，達到條理分明的效果，而發展出生動有趣、耐人尋味的文章。

範例 以〈褪色的圍巾〉為例——可以先寫小時候看到母親編織圍巾，專注細心的畫面；然後寫圍巾陪伴自己讀書的求學歲月；最後，以褪色的圍巾襯托母親的衰老，感受母愛的偉大做結。

四——人物活動變化法

按照人物活動或者出場的順序來組織文章的段落。

一篇文章如果出現若干人物，他們出場時往往又按次序出現，這樣就可以按照人物出場的順序結合人物的活動變化來進行寫作。

這種手法能使文章顯得靈活而不混亂，也有以簡御繁的作用。

範例 以〈我的競爭夥伴〉為例——可以以功課競爭的同學為材料，穿插高潮起伏的人物活動。譬如說自己最嫉妒的張小毛，某天跟老師竊竊私語、鬼鬼祟祟的動作，看在眼裡很不舒服。後來老師在公開場合宣布，功課最棒的張小毛推薦我為模範生，從懸疑到驚喜，就是很成功的文章開展，其他可以依照人物出場，進行事件情節的穿插。

以上四種文章開展的手法，都能在條理分明、脈絡連貫的條件下，將文章所要呈現的主要內容，很清楚明白、完整暢達的表達出來。希望學生在進行寫作時，都能善用這些文章開展的技巧。

寫作起步走

請參考以上四種文章開展的技巧，就下列題目，以一百字說明你的文章開展設計。

一、我克服了膽怯　二、站在鵝鑾鼻燈塔上　三、變小的毛巾
四、跟○○吵了一架　五、安農溪泛舟　六、我的好搭檔
七、自然實驗課　八、我家門前有山坡　九、難忘的夏令營
十、春遊八卦山　十一、我和小黑　十二、白沙灣海水浴場之遊

參考習作

一──我克服了膽怯（時間開展法）

從小，我最怕蟑螂，每次只要看到一個黑影閃過，就心頭一顫，豎起寒毛，仔細確認敵情（第一段）……國二的生物實驗，我們老師給各組發了一隻蟑螂和解剖用具，要我們親手操刀觀察牠的身體構造（第二段）……第一次對蟑螂不害怕恐懼，是在高一的一次露營。當時眼角瞄到椅子上有一隻小蟑螂，然而身處郊外多天的我，卻沒過度反應（第三段）……蟑螂時常在我們身旁出現，現在的我，即使仍不喜歡這種生物，但對牠的膽怯卻已不像以往（第四段）……（楊浩東）

二──站在鵝鑾鼻燈塔上（空間開展法）

站在鵝鑾鼻燈塔上，我抬頭仰望這片台灣最南端的天空。藍色的畫布，有著各式各樣藝術家創作的作品，有的綿延數里，像極了絲質似的布料，有的（第一段）……與天空相互映襯的是這深藍色的海，猛獸似的浪花，捲起了水花，四處飛濺的水花，在空中閃耀著太陽的光芒（第二段）……岸旁的岩石大小參差不齊，大大小小的堆在山崖下，岩石間的空穴，時不時能看到幾株堅韌的植物，在那貧乏之地綻放（第三段）……這座純白色的燈塔，是為漁人導航的迷途燈，也是這片土地上的守護者（第四段）……（楊浩東）

三——變小的毛巾（故事情節開展法）

我有一條寶貝毯子，上面印著可愛的哆啦A夢圖案，它原本的身分是浴巾，但是（第一段）……會這麼喜歡它其實還有別的原因，因為小時候媽媽要上班，有時一個人待在房間中，便想找個東西（第二段）……隨著我長大，毯子都一直陪伴在我身旁，只要是出外旅行便會帶著它，小時候能蓋住整個身體的毛巾，現在只能蓋住半個身體（第三段）……我想人都需要有一個依靠，隨著我的成長，毯子即使相對的縮小了，還是（第四段）……（楊浩東）

四——跟母親吵了一架（人物活動變化法）

我生氣的關上房門，一個人關在這密閉的小空間中，真是豈有此理！你明明都不懂（第一段）……過了一會兒，母親敲了幾下房門大喊：「吃飯了，趕快出來！」「我不餓，要吃你自己吃！」「叫你出來吃飯，就給我出來，少給我囉嗦！」（第二段）……又是一片沉默，我躲回被窩裡啜泣，門外的怒氣，似乎絲毫未平息（第三段）……哭著哭著就睡著了，再度醒來時已經凌晨十二點了。肚子很餓，打開了房門，只見地板上一個貼著字條的保溫飯盒放在門口，「別忘了吃晚餐。」（第四段）……（楊浩東）

過渡訓練
文章的渡船

●學習主題

過渡，就是整篇文章各個段落之間，彼此都能自然而巧妙的銜接，轉換得體，從頭到尾能保持文章的連貫性。一篇文章除了要求文情內容要豐富充實、言之有物之外；形式上的銜接，是不是恰到好處，直接關係到文章思路清不清晰，詞句通不通順，全文連不連貫。

●文章過渡的重要

一篇文章，從這一層的意思轉到另一層的意思時，不僅要講究作品內容的聯繫，同時也要講究作品外在形式的轉換，讓看你文章的人能一氣呵成、順利閱讀。文章過渡，就是將情境不同的兩個段落、層次巧妙的銜接，不要造成上文與下文之間突兀、脫節的現象。在正常情況之下，寫文章都必須講究「過渡」；合理、成功的「過渡」，能讓文章的結構更加嚴謹，文氣也會更加順暢。

文章有開頭也有結尾，文章的組成又是靠語詞、句子、段落的巧妙組織。因此，為了避免文章雜亂、鬆散、割裂、支離、破碎，在詞語與詞語之間、段落與段落之間，都應該熟悉文章過渡的技巧。想要讓文章的中心思想能夠四平八穩的呈現，就得要在各個段落（層次）之間作精當而巧妙的銜接。

文章中的過渡好比連接兩岸的渡船，過渡對於一篇文章來說，雖然無關大局，但卻很重要，它是連接上下文的命脈。

範例 帶有時間成分的常用過渡語：「一轉眼頭髮都白了」、「太陽下山了」、「歲月不饒人，一晃就是十年」、「一眨眼工夫，小學都快畢業了。」這些通俗的文句，看起來不怎麼樣，但是，關鍵時刻少了它們，文句就會割裂不順暢，甚至讓人一頭霧水。

● 寫作要訣

（一）**要做到自然、貼切、嚴密、恰當** 做過渡用的詞語或句子，有的出現在段落的開頭，有的出現在段落的結尾，有的頭尾都用到過渡；不管放在什麼位置，都要發揮最大的銜接效果。

（二）**詞語要謹慎選擇，斟酌運用** 例如做轉折用的過渡詞，有「但是」、「然而」、「不過」等等，如果不分輕重一律用「然而」，就會顯得呆板、生硬、乏味。

●表現技法

一——自然過渡法

根據上下文之間的自然銜接，或者是順著邏輯發展的自然轉換，順勢發展，來完成文章過渡的任務。

例1 以〈美麗的翠峰湖〉為例——翠峰湖並不大，但它是台灣最高的湖泊（第一段開頭）……翠峰湖令人陶醉的是它的波平如鏡、靜謐優美（第二段開頭）……翠峰湖還有美妙的交響樂，畫眉鳥向你招手，青背山雀發出陣陣的喚音（第三段開頭）……

例2 以〈陽明山的菅芒花〉為例——我愛秋天，更愛陽明山的秋天。秋意襲上陽明山的山頭，它的頭頂都白了（第一段結尾）。秋天的陽明山，真有說不出的迷人，滿山遍野的菅芒花（第二段開頭）……

二——轉折過渡法

在段落與段落之間出現較大轉折的地方，就要搭橋過渡，使兩層意思連貫起來。經常會用到「不過」、「但是」、「然而」、「可是」等等轉折連詞。

範例 以〈我最崇拜的人物〉為例——小五以前，許多長輩常反覆問我：「你最崇拜誰？」我說我不崇拜任何人，我相信天生我才必有用（第一段結尾）。但是，有一個人——我最仰慕孫越叔叔。他不但渾身上下都是演戲細胞，更讓人欽佩的，是他終生投入公益事業的救世精神（第二段開頭）……

三——總述分應過渡法

文章的內容，從總述到分應之間，需要有過渡銜接，使文章的思路能順利發展。

範例 以〈我〉為例——我這個人爭強好勝，脾氣古怪，天生不服輸，什麼事都想拿第一（第一段總述）。我不習慣替別人著想，只要是比賽，我毫不手軟（第二段分應）……國二下的時候，我參加即席演講比賽（第三段分應）……我很重視考試成績（第四段分應）……

四——倒敘過渡法

就是指在記敘的過程中，為了故事表達的需要，有時要運用到倒敘的手法。這時候，就需要運用過渡技巧，讓前後內容能夠銜接得宜。

範例 以〈爺爺的照片〉為例——每當我閒來無事，翻閱全家的照相簿，一張發黃的照片裡，爺爺慈祥的對著我笑。每次看到這張照片，我就想起爺爺臨終的一幕。記得小時候（第一段）……有一次媽媽到超市買菜（第二段）……有一天，爺爺竟然在浴室跌倒了（第三段）……爺爺病情很不樂觀（第四段）……爺爺沒有留下什麼特別的遺物，只留下那張發黃的照片（最後一段）……

注意事項

不管運用過渡詞、過渡句、過渡段，都要發揮承上啟下的銜接效果。一方面對上文的文意做結尾，另一方面對下文又能開啟情節，惟有這樣你才是文章渡船的好舵手。

寫作起步走

請參考以上文章過渡的手法，就下列題目，分別以一百字左右寫出你的文章過渡設計。

一、我家的大後花園：大安公園　二、值日生的煩惱　三、鹿港小鎮
四、祖父的老家　五、迷人的東海岸　六、席捲全球的新冠病毒
七、哆啦A夢上火星　八、櫻桃小丸子的日記　九、關廟吃鳳梨
十、袖珍博物館速寫　十一、吃在台南　十二、林邊蓮霧傳奇

參考習作

一——我家的大後花園：大安公園（自然過渡法）

我家門前有座大公園，它是大安森林公園（第一段）……大安森林公園因為有濃密的樹木，而被稱為「台北的都市之肺」，我常常在樹林間玩耍（第二段）……大安森林公園有一座獨特的

露天音樂台，我們家經常會在那裡聆聽優美的音樂（第三段）……

二──值日生的煩惱（轉折過渡法）

他是一位活潑熱心的學生，每天都帶著一張愉悅的臉來學校，班上的值日生也幾乎都是由他擔任（某一段）……但是，有一天他的笑臉消失了，被愁眉苦臉取而代之，在擔任值日生的工作時，也是心不在焉的（下一段）……

三──鹿港小鎮（總述分應過渡法）

鹿港是個充滿人文特色的小鎮，擁有多處的廟宇、古蹟，也有著豐富多樣的小吃，還有著名的龍舟競賽（第一段總述）。龍山寺和天后宮是鹿港最有名的兩座寺廟（第二段分應）……我最喜歡吃老街裡的蝦猴酥和玉珍齋的鳳眼糕了（第三段分應）……每次鹿港慶端陽活動中的龍舟競賽，總讓我看得熱血沸騰（第四段分應）……

四──祖父的老家（倒敘過渡法）

一年一度的清明節又來臨了，我們又回到祖父的老家替他掃墓（第一段）……每次回到這裡總會想起從前的點滴，記得有一次（第二段）……有一年，年假才剛放完，就傳來了祖父病倒的消息（第三段）……祖父最後的願望是落葉歸根，回到老家（最後一段）……

照應訓練

鸞鳳和鳴

●學習主題

照應，就是指寫文章時前後對照呼應。照應是文章結構的要素之一，也是各種不同文體中經常可見的謀篇技巧。善於運用文章照應，自然能達成文章首尾一致、脈絡清楚、周密完整的結構，增加文章的吸引力和感染力，引起別人的閱讀興趣。

●文章照應的重要

一篇文章是不是「嚴謹」？有沒有做到「周密」？直接關係到寫作的成功與失敗。因此，寫文章一定要關顧到文章的照應。

文章的照應，包括「交代」與「呼應」兩個部分：對於文章前面所提到的人、事、物，或者提出的問題、原因，在文章後面要做必要的呼應；對於文章後面會出現的故事情節，在文章前面也要做簡單的交代。

以記敘文來說，文章前面記敘的事件，文章後面一定要有合理的結果；文章前頭預做的伏筆，最後必須真相大白；文章後面會發生的事件，在文章的前面要預做鋪墊。以上都是屬於文章的照應。如果文章忽略了照應的考量，就會形成文章的線索紊亂，文章的條理不清的結果。文章要做到前後照應，成功的關鍵就在於思維要周密。

●寫作要訣

(一)閱讀別人的作品，要仔細推敲，周密思考。

(二)自己在進行寫作時，要嚴格要求，斟酌布局。

●表現技法

一——首尾照應法

文章的開頭和結尾，內容上必須互相照應，前呼後應、遙遙相扣，這是最常見的照應法。下筆寫文章，一般要先擬訂大綱，確定文章的首尾以後才進行寫作，這種首尾照應的手法，能使文章結構完整，主題集中，緊湊嚴謹。

範例 以〈我心目中的蟛蜞菊〉為例——我從小就喜歡「拈花惹草」，特別是微不足道的蟛蜞菊，它沒有蘭花的幽香，沒有玫瑰的絢麗，沒有牡丹的富貴，只有依偎一隅，自顧自綻放自己的風采（第一段）……蟛蜞菊啊蟛蜞菊，我肯定你的平凡樸實，稱頌你堅強的生命韌性（最後一段）。

二——題目照應法

文章一開頭，就緊緊扣住主題的要點，照應題目，對題目加以說明。因為，「題目」是文章的眼睛，它往往概括文章的中心思想。運用題目照應法，能使文章的主題意識更加凸出。

範例 以〈我家的黑道老大〉為例——我今年已經十二歲了，可是在家裡活像個黑道老大，因為家裡有兩個貼身保鑣——爸爸、媽媽。

三——伏筆照應法

文章後面將會發生的事件、產生的問題、出現的結果，必須在文章開頭預做暗示。這種方法可以增強文章情節高潮起伏的變化，引起懸念、猜想，刺激讀者的想像空間。

範例 以〈技安哥〉為例——長得圓圓滾滾的小胖，我們管他叫技安哥。最近，我發覺他精神不濟，常打瞌睡，上課也常遲到，究竟發生了什麼事？我百思不得其解。（第一段）……哦！原來自從父親死了以後，他每天晚上都陪媽媽到夜市擺地攤，賺一點生活費。技安哥，我崇拜你！（第二段以後）……

四——因果照應法

寫作的內容中，呈現因果互相照應的結構布局法。運用這種手法，能激發讀者產生欲罷不能的探索效應，製造文章的吸引力。

範例 以〈我的爸爸是包大人〉為例——我老爸明明姓謝，可是到家裡做客的叔叔、伯伯都稱呼他包大人。問媽媽，媽媽不肯說；問老爸，他嘴角微微一笑，什麼也沒提。（第一段）……哦！現在我終於懂了，爸爸的朋友管他叫包大人，原來是因為老爸是○○牌成人紙尿褲的研發者（最後一段）。

五——對比照應法

將兩種以上不同性質的人、事、物對照安排在一起，凸顯他們之間的不同。讓人物的形象更凸出、事件的發展更鮮明，景物的刻劃更傳神，用來增加文章的吸引力。

範例 以〈土豆與我〉為例——土豆是班上的活寶貝，他的人緣很好，只要有他的地方就有笑聲。他能和每個人打成一片，功課棒的、功課差的，他都照單全收。土豆說我是他的好朋友，我很高興（第一段）……我雖然是班上的小狀元，從小一到小六，都是永遠的第一名。但是，同學們都嫌我高傲、自私，像個書呆子，我總是想不透，這究竟是為什麼？（其中一段）……

● 注意事項

文章的照應手法種類很多，平常就要養成縝密思維的習慣，長此以往，自然有助於文章照應的構思。

● 寫作起步走

請引用上列文章照應的手法，就下列各題，分別以一百字左右提出你文章照應的構思。

一、不向命運屈服的人　二、我是生物小博士　三、旱鴨子
四、麥當勞叔叔　五、喬治和瑪莉　六、童玩節到冬山
七、颱風天　八、游泳高手　九、捐血行動
十、吃西瓜　十一、珍珠奶茶　十二、檳榔西施

● 參考習作

一——不向命運屈服的人（首尾照應法）

因為媽媽的疏忽，我在孩提時期得了一場重病，造成現在的行動不便。我並不怨恨媽媽，我知道她因此自責到了今天；我更不會自怨自艾，因為我相信，這不過是人生中的一個小挫折（第一段）……如今，我所面臨過的困難不計其數，但從小的殘疾我都克服了，又有什麼可以打倒我

呢？（最後一段）

二——我是生物小博士（題目照應法）

我的家裡有許多的小居民，牠們不只是我研究的好夥伴，更是我的家人。因為父母在外地工作，我從小就和曾經擔任生物老師的爺爺一同生活，因此也喜歡上了生物，而這些小夥伴則是爺爺給我的任務。

三——旱鴨子（伏筆照應法）

我的班上有一位旱鴨子，每次游泳課總是用千奇百怪的理由逃避下水，但所有人都清楚：他很害怕水。久而久之，旱鴨子也成為了他的綽號（第一段）……原來，他自從親眼看媽媽為了救溺水的自己而去世後，就對水產生了恐懼。了解這個理由後，我們感到非常的自責：我們竟然用他的痛苦來取笑他。（其中一段）

四——麥當勞叔叔（因果照應法）

剛轉來新的班級時，我發現班上有一位「麥當勞叔叔」，雖然不了解這外號的由來，不過為了融入新的班級，我也就隨著大家稱呼他為「麥當勞叔叔」。但是我也開始調查這綽號的由來（第一段）……經過了種種的探索，原來他的父親是麥當勞公司大股東，所以他才被稱為「麥當勞叔叔」。（最後一段）

五——喬治和瑪莉（對比照應法）

喬治和瑪莉是一對夫妻（第一段）……喬治是一位新好男人，不只有高學歷、高收入，而且對於家中的衛生還很注重，把家打掃得一塵不染，最重要的是他很疼愛老婆（其中一段）……瑪莉雖然也有高學歷、高收入，但個人衛生習慣卻是一塌糊塗，對鄰居的態度也是盛氣凌人，把社區搞得烏煙瘴氣（其中一段）。

結尾訓練（一）

燦爛的落日

● 學習主題

結尾，就是文章的結束。結尾收得好或不好，關鍵不在文章的長短，也不在文體究竟要採記敘、抒情，或者議論、說明；在於是不是恰當表達了文章的主要意思，能不能給讀者帶來深刻難忘的印象。因此，一定要注意文章結尾的安排。

● 文章結尾的重要

一篇文章的開頭，要求新穎、美麗，就是所謂的「鳳頭」；中間的正文部分要求內容豐富，言之有物，這是文章「開展」的主要任務，形式部分還要講究文章的「過渡」與「照應」，這樣子，文章的中幅就像「豬肚」，一定琳瑯滿目、多采多姿了。接著要介紹的文章結尾，則要求像「豹尾」，精采亮麗、充實有力，能與開頭、正文前後呼應，令人回味無窮，才是好的結尾。

一個竹簍子編得再細密、結實，要是收口不夠精巧，不但影響外觀，同時也容易損壞；寫文章也是一樣，如果結尾安排得不夠美好，收束得不夠縝密，就會造成功虧一簣。一場晚會往往把最精采、最吸引人的節目排在壓軸，也就是前人說的：「一篇之妙在於落句（結尾的句子）。」所以，文章結尾的好壞，直接影響到文章的全局。

●寫作要訣

(一)順應文章的內容、事件的發展　文章的文體有記敘、描寫、抒情、議論、說明等，寫景、記人、敘事、說理、論事，形式千變萬化。所以，文章結尾不能以同一手法處理，要順應文章的內容做合理的發展，不可以為結尾而結尾。

(二)必須有總括、統一及幫助全文理解的作用　文章的結尾和題目、開頭、正文等息息相關，讀者從頭到尾看完文章後，應該有整體的感覺。如果文章的結尾令人覺得多餘，或者前後不相呼應，上下不能統一，結構不和諧，破壞了文章的完整性，那就不是理想的文章結尾了。

(三)必須有精練緊湊、充實有力的效果　古代作家要求作文做到「鳳頭、豬肚、豹尾」，豹尾就是指文章結尾要充實有力。無論採用什麼手法進行文章結尾，這最後一段，篇幅不要太長、文字要精練雅潔，文情要和前文呼應。

● 表現技法

一——自然結尾法

順著事件的結束，做為文章的結尾，不另外點明文章的主題。全文的旨趣，就由讀者自己去反覆體會了。這種自然結尾的手法，特點是乾淨俐落，不畫蛇添足，不拖泥帶水。

範例 以〈找狗狗〉為例——「急得淚流滿面的怡君，照著三叔公的指點，一路去尋，終於找到了走失的小白。」尋獲走失的狗狗——小白，是事件的結果，寫到這裡，文章就結束了。這樣的結尾，簡潔、扼要、緊湊、乾淨。

二——呼應結尾法

文章結尾時，或呼應題目、或呼應開頭、或呼應正文的手法。文章開頭要顧及正文和結尾，文章結尾又要呼應開頭、正文。這樣前後、左右、首尾多方照應，才能使文章結構緊湊、無懈可擊。

範例 以〈捐球鞋〉為例——「敏督利颱風造成中部嚴重土石流，受災面積廣大，為了幫助南投、台中災區的同學們早日返校恢復上課，大台北地區發起了捐書包、球鞋、文具、衣服等活動。（開頭）在晚餐時刻，我仔細的想：雖然這雙新球鞋是媽媽送給我的生日禮物，把它捐出去，希望能讓需要的小朋友感受到關心。（結尾）」運用首尾呼應，文章嚴謹鮮明，會讓讀者留下深刻的印象。

三——總結結尾法

在文章結尾運用高度概括濃縮的文字做總結，使主要內容更具體、明白。這種文章結尾的手法，多用於記敘文和論說文，對於所記敘的事件或論述的道理做總結，能使主題更加明確。

範例 以〈小草頌〉為例——「小草看似不起眼，任憑風吹雨打都沒有擊垮它，偃倒它會再挺起，枯黃它會再新綠。（開頭）默默無聞的凡夫俗子，像小草一樣，擁有堅韌的生命力。（正文）……我歌頌小草質樸堅強的本色，我讚美升斗小民堅忍不拔的意志。（結尾）」這樣的結尾能總括全文，讓人有水到渠成的感受。

四——畫龍點睛結尾法

文章的結尾以一句話或一段話直接點明主題，或者透過對於景物、人物、事物的描繪刻劃，來表現文章的主題。

這種以結尾點明主題的手法，是常用的結尾法，它能特別強化文章的感染力，往往令人產生戛然而止的驚嘆！

範例 以〈一次特別的感受〉為例——以記一次全家遊玉山的經過為主敘述，結尾寫下：「只有登上峰頂的人，才了解征服的滋味；只有爬到巔峰的人，才能看到最美的景致。」簡短數句，有畫龍點睛之妙，全文豁然開朗。

●注意事項

文章結尾樣式繁多，但萬變不離其宗，只要掌握結尾的基本技法，自然左右逢源，游刃有餘。

●寫作起步走

請引用以上文章結尾的幾種手法，就下列題目，以一百字提出文章的結尾布局。

一、一次不平凡的訓話　二、橋　三、青春
四、萬花筒　五、最美的女人　六、我家的糗事
七、媽媽，我○○歲了　八、流行也是美　九、心願
十、建國市場逛花市　十一、失憶老人　十二、一場激烈的吵架

●參考習作

一——一次不平凡的訓話（自然結尾法）

看著父母紅著眼眶，聽著憤怒卻又帶著一絲失望的訓話，這是我第一次發現：原來被他人用失望的眼光看待，自己的內心也會這麼痛苦，自己原來是多麼的令人討厭。我默默在心中許諾：以後不再讓爸媽失望，我要做好我自己。（周裕倫）

二——橋（呼應結尾法）

連日來的大雨把村子唯一對外的橋沖垮了，於是大家決定貢獻自己的一分心力，先蓋好一座便橋。（開頭）……經過大家數日的努力，我們終於把便橋搭建起來了！也許便橋的樣式很簡陋，上面也不能行駛汽機車，需要以步行的方式搬運來往的物資。不過，這座橋是我們共同的心血，也是連結我們的一座橋，或許橋很快就消失了，但我們一條心的經驗卻不會消失。（結尾）（周裕倫）

三——青春（總結結尾法）

青春是短暫的……青春是衝動的……青春是浪漫的……

年老時我們感嘆青春的短暫，但它卻是我們一生精華的所在；羨慕青春的衝動，因為它是我們最熱血的時光；追憶青春的浪漫，它可以給我們帶來最美好的記憶。（周裕倫）

四——萬花筒（畫龍點睛結尾法）

每個人都有每個人的人生，人生就像個萬花筒，同一片景色，用不同的角度來欣賞，產生了不同的感受；同一個故事，由不同的人來聆聽，產生了不同的心情。人要彩繪自己人生的風景，我們既不是父母的續集，也不是子女的前傳，每個人都是自己生命獨一無二的創作者。（周裕倫）

結尾訓練（二）

燦爛的落日

●學習主題

好的文章結尾，就是當讀者把作品讀完之後，有重新閱讀的衝動。一篇作文，要統一，要和諧，才能稱得上完整，任何一部分出現瑕疵都會影響全篇，而文章的結尾尤其是成敗的關鍵。文章開頭寫得好，能引人入勝，將讀者引入遐想的領域；文章結尾則要做到短小精悍，照應主題，才算是美麗的結束。

●文章結尾的重要

俗話說：「好戲在後頭。」好的文章結尾鏗鏘有力，精采絕倫，有餘味無窮、蕩氣迴腸的作用。反過來說，不好的結尾，經常會前功盡棄；就好比一個大型晚會，儘管前面節目的演出水準很高，如果壓軸好戲卻荒腔走板，觀眾對於整個晚會自然就會留下拙劣的印象了。沒有比吃到最後一顆發霉的花生米更糟的了，不好的文章結尾，下場也是如此。

●常見的病灶

(一)畫蛇添足　該結尾時不收束，囉哩囉嗦、重複累贅，讓人不忍卒讀，自然引不起閱讀的興趣。

(二)節外生枝　文章結尾要求緊湊嚴密，如果東拉西扯，就愈扯愈遠，甚至離題了。（參考上一章「自然結尾法」——事件寫完就自然結束，不要再拖泥帶水。）

(三)空洞無物　文章氣勢到最後最容易鬆弛乏力，說了一大堆無關痛癢的話。（參考上一章「呼應結尾法」——讓文章收尾能飽滿、結實、有力。）

(四)前後衝突　文章結尾要能與題目、正文互相呼應，不要前後矛盾，立場相反。

(五)草草結束　文章結尾草草結束，甚至沒有結尾，不了了之，造成虎頭蛇尾的毛病。

●表現技法

一——反問結尾法

在文章末了用反問的語氣，提出問題，以加強文章的力量。這種文章結尾，是運用疑問的方式來表達明確的主張。所以，表達的情感強烈，發人深省的作用很大。這種反問結尾手法，雖然生動有力，但不可濫用，必須在文章的中心主旨十分明確，需要激勵或強力感染讀者的時候，才適當運用。

範例 以〈父親中風了〉為例——我絞盡腦汁的思量著：究竟要怎樣才能讓父親半身不遂的身軀恢復正常呢？

二——期望結尾法

文章結尾時，對所記敘的對象表達深深的期望、祝福。這種結尾手法，運用得很廣泛，寫景、敘事、記人都用得上。習慣上是將自己的人生體驗、心得，透過真誠的語氣表達出來。

這種結尾手法收束有力、節奏明快，並且容易打動人心。

範例 以〈勤〉為例——讓我們努力實踐吧！像勤奮的老農夫，默默耕耘；像發芽的種子，突破生命的障礙；像試飛的黃雀，靠自己展翅。

三——含蓄結尾法

就是指不直接抒發情感，用婉約曲折的文字來表達，含意深遠，耐人尋味，發揮「言有盡而意無窮」的效果。

這種啟發讀者去揣摩體會的結尾手法，有激發讀者進行思考的作用。

範例 以〈童年的夢〉為例——假設童年夢想當老師，這個當老師的願望，在文章的結尾沒有直接說出，而是以含蓄的文句暗示自己的憧憬：「那天夜裡，我做了一個奇異的夢。夢見我長大了，而且正站在講台滔滔不絕上，台下幾十雙眼光注視著我……」這個委婉的結尾比直接表態更為深刻。

四——寫景結尾法

就是指以對大自然的風光和眼前環境的描寫，做為文章的結尾。

這種寫景結尾法是常見的結尾手法。由於景物描寫能表現風土人情、時代風貌、襯托人物心理等作用，所以，使用這種文章結尾的人很多。

範例 以〈青翠的太平山〉為例——順著蜿蜒的山路，我們走遍了太平山。粗獷獷的扁柏，直挺挺的冷杉，厚實實的紅檜，一波又一波的展現在我眼前，叫人眼花撩亂、目不暇給。我的心陶醉在林木之中，打從心裡愛上這裡，不忍離去。希望不久的將來，能再來一趟太平山之旅。

●注意事項

文章的結尾和文章的標題、開頭、正文前後內容，應該形成一篇結構嚴謹、內容充實、和諧統一的有機體。同學們，你體會出文章結尾的重要了嗎？

●寫作起步走

請模仿以上幾種文章結尾的手法，以一百字完成下列各題。

一、土石流的怒吼　二、把握今天　三、我上太空了
四、老師老了　五、恆春的陽光　六、童玩節
七、窗外　八、牽牛花　九、卓蘭水果山
十、巴陵摘桃去　十一、湅頂山　十二、海邊

●參考習作

一——土石流的怒吼（反問結尾法）

近年來，土石流發生的次數愈來愈頻繁。尤其當颱風來臨時，土石流對我們造成的災害更為嚴重。從以前習以為常的現象，到現今為人詬病的災害，這中間的轉變皆肇因於我們人類的破壞。那麼，我們應該要怎麼減緩土石流的發生，減少土石流的怒吼呢？（林宏軒）

二——把握今天（期望結尾法）

消逝的時光無法倒帶，要求每天的自己勤勉不息，不要把時間花在會後悔的地方。努力的向高處衝鋒吧！像高聳的巨木一樣，頂天立地；像跳躍的鯉魚一樣，一躍成龍；像展翅的大鵬一樣，扶搖直上九萬里。讓我們一起向上前進吧！你，把握今天了嗎？（周裕倫）

三——我上太空了（含蓄結尾法）

這場上太空的美夢，最後竟然是驚醒的。的確，在遼闊的世界中，偌大的地球也只是一個微不足道的小藍點；更何況我們渺小的人類，不也只是微不足道的螻蟻；即便是家財萬貫的富商，還是手握大權的領導人，同樣一般無二。無邊的銀河呀！我永遠仰望你。（蔡亦軒）

四——老師老了（寫景結尾法）

在盛夏的季節，路旁的鳳凰花正如火焰盛開著，離別的驪歌唱遍了整個校園。老師駝著背，一反往常，他話不多，在這熱情的路上冷冷的走著。在這如火的夏天，他的視線停在浴火的鳳凰花間，看著我們即將展翅高飛，回個眼神，微笑看著大家，和藹依舊，但老師已經老了。（蔡亦軒）

修辭訓練篇

寫文章是為了表達作者的思想、感情，寫作者都希望把自己想要呈現的思想、感情，表達得精準、鮮明、生動、簡潔，避免錯誤、含糊、乏味、累贅的瑕疵。所以，歸納前人成功運用文字的規律，可以達到特定的修辭效果，這種規律，就是我們常說的修辭法。

- 修辭訓練
- 譬喻訓練
- 象徵訓練
- 誇飾訓練
- 示現訓練
- 擬人訓練
- 映襯訓練
- 排比訓練
- 層遞訓練

修辭訓練
文章的化妝師

●修辭的重要

古代文學家或現代名家寫文章，都是不自覺的遣詞造句，不會為修辭而修辭，自然而然的寫出一篇篇的名文佳作。

我們初學者利用修辭格的範例，對於自己的作品進行加工，自覺的安排詞句，能使文字的形式之美，更有效的表達思想內容。就好比練習書法，先從「描紅」開始，然後臨帖，到了爐火純青之後，自然形成一體，表現個人獨特的風格。在沒有形成名家之前，學習模仿名家佳構，是練就修辭之美的一條捷徑。

專門研究造句遣詞的學者專家們，共同建立了一門學問，叫做修辭學。就學生而言，不必花大量時間來研究這門學問，但是就寫作的能力而言，一定要累積美妙的修辭經驗。文章的審題、立意、構思、布局、選材等一旦確立之後，修辭就是關鍵的一環。

修辭的目的

修辭的目的是為了在造遣文字中達到最佳的表達效果。作文時給人的第一個印象就是修辭，文章的內在美——思想情感——好不好是一件事，外在美——修辭——卻直接影響讀者對作品的主觀好惡，特別是應試作文，尤其不可不講究。

作文的修辭大有學問，要表達同一個意念，要摹寫同一件事物，要刻劃同一個人物對象，用什麼樣的詞語，組織成什麼樣的句子，完成什麼樣的段落，不同的作者有不同的處理手法。戲法人人會變，各有巧妙不同，每個知名作家造字遣詞雖然各有風格，但都在文字表達上展現了魅力。我們要學習的，正是這種千變萬化的修辭之美，包裝我們的文章內涵，美化我們的形式美感。

寫作要訣

（一）**修辭要得體**　運用各種修辭手法，要做到切合主題、適合對象、適合文章情境，失去分寸就顯得累贅了。

（二）**修辭要有效**　運用各種修辭手法，要做到合乎事實、合乎邏輯，準確的傳達訊息而不以辭害義，過分雕琢就失去了修辭的作用了。

（三）**修辭要靈活**　運用各種修辭手法，要做到靈活生動、多元多樣，避免造成呆板、生硬、乏味等現象。

(四)修辭要優美　運用各種修辭手法，要講究優美。修辭的終極目的就是美感的表達，能把握優美的修辭手法，才算體現了修辭的角色與作用。

●注意事項

修辭學已成為專門的文字藝術，任何文體，不論是描寫、記敘、抒情、議論、說明，都運用得到修辭格，以將人、事、景、物、情、理等，寫得有聲有色，來感染別人。

以下各章將若干常用的修辭格逐一介紹。

譬喻訓練

借彼喻此，馳騁聯想

●學習主題

譬喻是運用一種事物或情境來比喻說明另一種事物或情境。運用譬喻修辭法，可以把陌生、深奧、抽象的東西，變得熟悉、淺顯、具體。

譬喻是指「借彼喻此」的修辭法，也就是俗稱的「打比方」的修辭方法。一般是以淺易的來說明難以明白的，以具體的來形容抽象的，以熟悉的來形容陌生的。作文如能善用譬喻，不但能充分表達自己的看法，而且往往能趣味橫生，效果十足。

●譬喻的內容

譬喻一般包括三個部分：

㈠**喻體**　所要說明的事物主體。

（二）**喻詞**　連接喻體和喻依的詞語，如「猶」、「好像」、「譬如」、「比如」……等等。

（三）**喻依**　用來比方說明事物主體的事物。

範例　大自然像一部書。就是由喻體——「大自然」；喻詞——「像」；喻依——「一部書」組成的。所以，所謂的譬喻法是指將所要說明的事物（喻體），以另外的事物（喻依）來進行比方形容（喻詞）。

譬喻的修辭手法，能清楚深刻的襯托出主題的意義，使文章鮮明生動，精巧動人。

● 表現技法

一——明喻

明喻的構成方式是甲（喻體）像（喻詞）乙（喻依）。換句話說，明喻就是喻體、喻詞、喻依三者都具備的譬喻手法，十分明顯，一看便知。明喻的「喻詞」，除了「如」、「好像」以外，還有「似」、「若」、「彷彿」、「好比」、「好似」、「恍如」、「有如」、「就像」等等。

（一）以散句為例

例1　書本（喻體）就像（喻詞）降落傘（喻依），打開來才能發生作用。（沈謙）

例2　愁（喻體）好像（喻詞）味精（喻依），少放一點，滋味無窮；多放，就要倒盡胃口。

（吳怡〈一束稻草〉）

例3 生命（喻體）有如（喻詞）一塊粗石（喻依），經過雕刻和琢磨，才能成功一個人物。（歌德）

例4 美式婚姻（喻體）像（喻詞）吃口香糖（喻依），愈嚼愈乏味，最後吐了；中式婚姻（喻體）像（喻詞）吃長生果（喻依），愈嚼愈香，最後嚥了。（祝振華〈西線有戰事〉）

（二）**以詩句為例**

例1 年輕的媽媽（喻體）／像（喻詞）一瓶酒（喻依）／爸爸嚐了一口／就醉了（何麗美〈酒〉）

例2 夢（喻體）像（喻詞）一陣風（喻依）／從遠方吹過來／想捉他／他已經離開了。（張金美〈夢〉）

（三）**以短文為例**

範例 在逃去（喻體）如（喻詞）飛（喻依）的日子裡，在千門萬戶的世界裡的我，能做些什麼呢？只有徘徊罷了……過去的日子（喻體），如（喻詞）輕煙（喻依），被微風吹散了（喻體），如（喻詞）薄霧（喻依），被初陽蒸融了；我留著些什麼痕跡呢？我可曾留著像遊絲樣的痕跡呢？我赤裸裸來到這世界，轉眼間也將赤裸裸的回去吧？但不能平的，為什麼偏要白白走這一遭啊？你，聰明的，告訴我，我們的日子為什麼

一去不復返呢？（朱自清〈匆匆〉）

（四）以短詩為例

範例 如（喻詞）一張寫滿了的信箋／躺在一隻牛皮紙的信封裡（喻依）／人們把他釘入一具薄皮棺材（喻體）復如（喻詞）一封信的投入郵筒（喻依）／人們把他塞進火葬場的爐門（喻體）總之，像一封信／貼了郵票／蓋了郵戳／寄到很遠很遠的國度去了（紀弦〈火葬〉）

二 隱喻

隱喻也稱做暗喻。它的構成方式是甲（喻體）是（喻詞）乙（喻依）。隱喻也是喻體、喻詞、喻依三者皆備的譬喻手法，只不過喻詞由繫詞「是」等代替「像」。喻詞除了「是」，還有「成」、「為」、「成為」、「變成」、「化成」、「等於」等。它是比明喻更進一步的比喻。

明喻在形式上只是相類似的關係，隱喻在形式上卻是相附著的關係。隱喻的形式是「甲是乙」，不是「甲像乙」。喻體和喻依之間，用「是」來連接，這樣語氣上更肯定，可以幫助閱讀的人進行理解和想像。這種比喻，從字面上看，沒有「像」這一類的詞，然而「像」的意思卻隱含在其中，所以叫做隱喻。

（一）以散句為例

例1 女人四十一枝花，五十（喻體）是（喻詞）玫瑰花（喻依），六十（喻體）是（喻詞）喇叭花（喻依），愈老愈發。（郭良蕙）

例2 我（喻體）願變（喻詞）一隻蝸牛（喻依），慢吞吞無憂無慮，只要我不停的走，總有天爬上枝頭。（趙寧）

例3 春天（喻體）是（喻詞）一年的童年（喻依），就連氣候也像少年那樣不穩定，乍暖還寒，才晴又雨。（思果〈春至〉）

例4 母親啊！你（喻體）是（喻詞）荷葉（喻依），我（喻體）是（喻詞）紅蓮（喻依）。心中的雨點來了，除了你，誰是我在無遮攔天空下的蔭蔽？（冰心〈往事〉）

（二）以詩句為例

例1 詩（喻體）是（喻詞）不凋的花朵（喻依）／但／必須植根於生活的土壤裡／詩（喻體）／是（喻詞）一隻能言鳥（喻依）／要能唱出永遠活在人們心裡的聲音（楊喚〈詩〉）

例2 火車（喻體）是（喻詞）女的（喻依）／汽車（喻體）是（喻詞）男的（喻依）／汽車看見火車／總是讓火車先過去（張繡燕〈火車和汽車〉）

（三）以短文為例

範例 黎明時，窗外是一片鳥囀，不是吱吱喳喳的麻雀，不是呱呱噪噪的烏鴉，那一片聲音是清脆的，是嘹亮的，有的一聲長叫，包括著六七個音階，有的只是一個聲音，圓潤而不覺其單調，有時是獨奏，有時是合唱，簡直是一派和諧的交響樂。（梁實秋〈鳥〉）

解說 「簡直是」（繫詞）以上是喻體，「一派和諧的交響樂」（喻依）。

（四）以短詩為例

範例 小時候／鄉愁（喻體）是（喻詞）一枚小小的郵票（喻依）／我在這頭／母親在那頭
長大後／鄉愁（喻體）是（喻詞）一張窄窄的船票（喻依）／我在這頭／新娘在那頭
後來啊／鄉愁（喻體）是（喻詞）一方矮矮的墳墓（喻依）／我在外頭／母親在裡頭
而現在／鄉愁（喻體）是（喻詞）一灣淺淺的海峽（喻依）／我在這頭／大陸在那頭（余光中〈鄉愁〉）

解說 以上四組「鄉愁」的譬喻句法，都是隱喻的手法。

三 借喻

借喻的形式是甲（喻體）被乙（喻依）所取代。喻體和喻詞都省略，只剩下喻依，將比喻物做為句子的主體，這就是借喻法。在各種譬喻中，借喻可說是一種最含蓄的比喻，也是最高級的形式。借喻因為形式簡單，只有喻依，至於喻體在字面上已經隱沒不見，因此在譬喻中是最耐人尋味的。

（一）以散句為例

例1 股市專家常常喜歡給人的忠告總是：不可將你所有的雞蛋放在同一只籃子裡！（喻依）（沈謙）

解說 「不可將你所有的雞蛋放在同一只籃子裡」是喻依，所要說明比方的喻體是「不要將所有資金都拿去買同一支股票」。投資是抽象的，籃子裡的雞蛋是具體的，這是以具體比喻抽象的典型手法。

例2 無論讀什麼書，總是要多配幾副好眼鏡。（喻依）（胡適〈書〉）

解說 「多配幾副好眼鏡」是喻依，所要說明比方的喻體是「多掌握幾門其他領域的知識」。

例3 諺云：「樹大自直。」意思是說孩子不需管教，小時恣肆些，大了自然會好。可是彎曲的小樹，長大是否會直呢？我不敢說。（梁實秋〈孩子〉）

解說 「彎曲的小樹，長大是否會直呢？」是喻依，所要說明比方的喻體是「頑劣的小孩，長大之後是否能變乖，實在很難講。」

（二）以短文為例

範例 美國舊金山有一位巴士司機，每天想盡了辦法叫乘客上車以後向後面走，以免壅塞通道，可是好說歹說都沒有用。後來他靈機一動，說：「請哪一位好心的牧羊人把你的

羊群向後頭領一領好嗎？」果然生效。因為這話意味深長，也夠風趣，所以大家易於接受，給予合作。（祝振華〈說話的藝術〉）

解說「請哪一位好心的牧羊人把你的羊群向後頭領一領好嗎？」是喻依，用來比方說明喻體「請哪位好心人帶領乘客往後靠」。

四——博喻

運用兩個以上的喻依，來比方形容同一個喻體，就叫博喻。博喻是從不同角度反覆來進行比喻，使語意加強，使文氣旺盛，說服力更強。這是一種很特別的譬喻手法，更具有精闢的感染力。

（一）兩個喻依型

範例 你要告訴我什麼？盡量的告訴我。像一條河流似的，盡量把她的積怨交給無邊的大海。像一朵高爽的葵花，對著和暖的陽光，一瓣瓣的展露她的祕密。你要我的安慰，你當然有我的安慰，只要我有，我能給你，要什麼有什麼。（徐志摩〈致陸小曼〉）

（二）三個喻依型

範例 雪降在松坊村了，雪降落在松坊溪上了。雪降落下來了，像柳絮一般的雪，像蘆花一般的雪，像蒲公英的帶絨毛的種子在風中飛，雪降落下來了。（郭風〈松坊溪的冬天〉）

（三）四個喻依型

範例（白妞）方抬起頭來，向台下一盼。那雙眼睛，如秋水，如寒星，如寶珠，如白水銀裡頭養著兩丸黑水銀。（劉鶚〈老殘遊記〉）

（四）五個喻依型

範例 三毛豈僅是一個奇女子？三毛是山，其倔強堅硬，令人肅然起敬。三毛是水，漂流過大江南北，許多國家。三毛是一幅山水畫，閒雲野鶴，悠哉游哉。三毛當然更是一本書，只要你展讀，就能渾然忘我，憂愁煩惱一掃而空，彷彿自己也已告別俗世，走進了一個趣味盎然的卡通世界和漫畫王國。所以三毛自然也是一齣戲，人生中的一齣難得看到的好戲。（隱地〈難得看到的好戲〉）

●注意事項

關於博喻，下列兩點必須釐清：

（一）博喻的表達方式，基本上是一個喻體，運用兩個以上的喻依，而不是連續運用好幾個譬喻。例如：「手如柔荑，膚如凝脂，領如蝤蠐，齒如瓠犀。」（《詩經．衛風．碩人》）以上形容衛莊公夫人莊姜的美貌，運用四個明喻。四個喻體是：手、膚、領、齒。四個喻依是柔荑、凝脂、蝤蠐、瓠犀。所以是連續運用四個「明喻」，而不是「博喻」。

（二）博喻在組成結構上，可以用明喻、隱喻、借喻等。博喻的運用，雖然不像前三者那麼普遍，但在報章雜誌上，仍然是妙喻如珠，到處都看得到。

譬喻，是最容易也是運用最廣泛的修辭法，希望學生們能運用自如。

●寫作起步走

一、請就下列句子，分別指出何者是喻體、喻詞、喻依？

（一）祕密像夏天櫥窗中的美味，根本無法長久保留。

（二）芙蓉如面柳如眉。

（三）問君能有幾多愁？恰似一江春水向東流。

（四）她是夜明珠，暗夜裡，放射出燦爛的光芒。

二、請就下列句子，判定何者是明喻、隱喻、借喻、博喻？

（一）我是天空裡的一片雲，偶爾投影在你的波心。（徐志摩《偶然》）

（二）那河畔的金柳，是夕陽中的新娘／波光裡的豔影／在我的心頭蕩漾。（徐志摩《再別康橋》）

（三）獅子跟老虎向來都是獨來獨往的，只有狐狸和狗才成群結黨。

（四）不到黃河心不死，不見棺材不掉淚。

（五）一株巨大的白丁香，把花開在了屋頂的灰色的瓦瓴上，如雪，如玉，如飛濺的浪花。

（六）魚游到鼎裡，要煎、要炸、要煮、要蒸，只好隨你便。

（七）一個湖是風景中最美，最有表情的景色；它是大地的眼睛，望著它的人可以測量出自己天性的深淺。

（八）所謂美人者，以花為貌，以鳥為聲，以月為神，以柳為態，以玉為骨，以冰雪為膚，以秋水為姿，以詩詞為心。吾無間然矣。

三、請判定下列何者是博喻？何者是連續的明喻？

（一）結婚以後，是杯茶，喝著喝著淡了！結婚以後，是瓶花，看著看著謝了，結婚以後，是蜜加了開水，甜雖甜，怎麼味道變了？

（二）天堂，真像嬌藍嬌藍的海面；糧車，真像飛快飛快的彩船；綠野，真像鏗亮鏗亮的金山；雲霞，真像輕飄輕飄的紅毯。

四、請閱讀下列文字，並指出所有的「喻依」。

唱了十數句之後，漸漸的愈唱愈高，忽然拔了一個尖兒，像一線鋼絲拋入天際，不禁暗暗叫絕。哪知他於那極高的地方，尚能迴環轉折。幾轉之後，又高一層，接連有三、四疊，節節高起。恍如由傲來峰西面攀登泰山的景象：初看傲來峰削壁千仞，以為上與天通；及至翻到傲來峰頂，才見扇子崖更在傲來峰上；及至翻到扇子崖，又見南天門更在扇子崖上：愈翻愈險，愈險愈奇。那王小玉唱到極高的三、四疊後，陡然一落，又極力騁其千迴百折的精神，如一條飛蛇在黃山三十六峰半中腰裡盤旋穿插。頃刻之間，周匝數遍。從此以後，愈唱愈低，愈低愈細，那聲音漸漸的就聽不見了。滿園子的人都屏氣凝神，不敢少動。約有兩三分鐘之久，彷彿有一點聲音從地底下發出。這一出之後，忽又揚起，像放那東洋煙火，一個彈子上天，隨化做千百道五色火光，縱橫散亂。（劉鶚〈明湖居聽書〉）

五、請根據事物的形狀、顏色、聲音、動作、功能等，以隱喻法造句。

例1 雲——雲是被風吹走的棉花糖。

例2 高速公路——高速公路是蝸牛的萬里長城。

（一）電腦　（二）風　（三）電影　（四）書　（五）照片　（六）山

六、就寫作而言，比喻是一種重要的技巧，以下五則資料，是不同作家對「生命」的不同比喻，他們除了採用「生命像（是）□□」的表達方式，並對這種比喻做了進一步的描寫。請以「朋友」為題，運用類似的比喻手法，寫一段文字，字數以八十字為限。

例1 生命好比一只箱子，這箱子很小，裝不下太多東西。（王鼎鈞〈旅行箱〉）

例2 生命是那麼瞬息而不留痕跡，像是淌下玻璃窗的一滴雨。（鍾玲〈竹夏——雪湖書簡之一〉）

例3 生命像個鐘擺，不得不開始，不得不在死亡與疲倦之間擺動，然後不得不停止。（簡媜〈陽光不到的國度〉）

例4 到如今我仍堅持：生命應該像鞭炮，劈里啪啦一陣就完了，有聲勢、有繽紛、有壯烈、也有淒美。（張拓蕪〈老！吾老矣〉）

例5 生命是一個古怪的盒子，打開或關上，彷彿不由自主。然而在裡面，我們卻可以任意蒐集我們一些此起彼落無數的煙花。（喻麗清〈盒子裡的黃花〉）

七、請以「□□就像○○」的句法，試寫一句完整的譬喻句。「○○」，以十二生肖入題。

八、請以「□□是○○」的句法，試寫一句完整的譬喻句。「○○」，以植物入題。

九、請仿造下列「博喻」的句法，以「○○風光」為題，完成片段寫作，字數在二百至三百字之間。

船到這兒，漸漸接近陽朔境界，江上的景色愈發奇麗。兩岸都是懸崖峭壁，累累垂垂的石乳一直漫到江水裡面，像蓮花，像海棠葉，像一掛一掛的葡萄，也像仙人騎鶴，樂手吹簫……說不定你忘記自己在灕江上了呢！覺得自己好像走進一座極珍貴的美術館，到處陳列著精美無比的石頭雕刻。（楊朔〈畫山繡水〉）

十、請以動物為喻，以一百字敘說自己的心願。

十一、請就譬喻句「撒鹽空中差可擬」與「未若柳絮因風起」做個比較，你比較喜歡哪一句？以一百字說明你的理由。

謝太傅寒雪日內集，與兒女講論文義，俄而雪驟，公欣然曰：「白雪紛紛何所似？」兄子胡兒曰：「撒鹽空中差可擬。」兄女曰：「未若柳絮因風起。」公大笑樂。（《世說新語》）

十二、請指出下列文字中的五個喻依，並分別指明屬於何種感官的聯想（如視覺、聽覺……）

我以為藝術的女人第一是有她的溫柔的空氣，如聽著簫管的悠揚，如嗅著玫瑰花的芬芳，如躺在天鵝絨的厚毯上。她是如水的密，如煙的輕，籠罩著我們。

●參考習作

一、（一）喻體：祕密。喻詞：像。喻依：夏天櫥窗中的美味。

（二）喻體：芙蓉；柳。喻詞：如。喻依：面；眉。

（三）喻體：愁。喻詞：似。喻依：一江春水。

（四）喻體：她。喻詞：是。喻依：夜明珠。

二、（一）隱喻　（二）隱喻　（三）借喻　（四）借喻　（五）博喻　（六）借喻

（七）隱喻　（八）博喻

三、（一）博喻

（二）連續的明喻

四、一線鋼絲拋入天際；由傲來峰西面攀登泰山的景象；一條飛蛇在黃山三十六峰半中腰裡盤旋穿插；有一點聲音從地底下發出；放那東洋煙火，一個彈子上天，隨化做千百道五色火光。

五、（一）電腦：電腦是最聽話的機器，從來沒有意見。

（二）風：風是流動的春天，吹過了，花就開了。

（三）電影：電影是預言家，有夢想的請買票進來觀賞。

（四）書：書是紙做的黃金，放在腦子裡收藏，不會占用空間。

（五）照片：照片是一方一方的窗子，有看不盡的風光。

（六）山：山是最不修邊幅的老漢，鬍子愈長愈密。

六、朋友好比一灣清泉，她可以鑑照你一生的容顏，也願意清唱大自然的聲音讓您聽。只要你貼近她，你就會發現她正在妝點你自己。

七、仔仔就像一隻瘦皮猴，東摸摸、西摳摳，總是坐不住。

八、娟娟是山壁上的一簇野蘭花，幽幽靜靜的，一塵不染。

九、出了雪隧，就進入我的家鄉蘭陽平原了，雪隧口洞開，滿眼的綠朝我們衝了過來。一眼望不到盡頭的稻田，一直蔓延到天邊，像綠巨人隨風搖曳的風衣，像平躺的青色山脈，像婆娑起舞的海洋，也像一塊一塊剛打好的綠色綜合果汁……掩映在綠色的天地裡，覺得自己像飛入綠野的仙境，全身宛如泡進綠色的大染缸，綠得徹徹底底，到處是生機。再往前望，綠色的山，綠色的樹，綠色的草，這是我從小以來一直都很熟悉的顏色，過了這麼多年，我的家鄉一直沒變。

十、我願是一隻大水牛，每天跟著老主人，在水田裡踏著最深最實的腳印，主人大嗓兒吆喝，左手一揮，我就向左拐，劃一個美麗的彎；大聲一呼，右手一指，我就向右拐彎，轉一個踏實的步履。農夫的人生就是我的人生，老農怎麼走自己的堅持，我就跟著做我的水牛人生。

十一、以「撒鹽空中」來比喻白雪紛飛的樣子，雖然有幾分相似，然而鹽粒小而重，味道鹹，以鹽來喻雪，十分勉強。至於柳絮色白而輕，因風而起，四處飛揚，以此來比喻白雪紛飛的樣子，就顯得高妙傳神。所以，「柳絮因風起」，比喻白雪紛飛的樣子，比「撒鹽空中」要傳神多了。

十二、（一）「如聽著簫管的悠揚」：聽覺。

（二）「如嗅著玫瑰花的芬芳」：嗅覺。

（三）「如躺在天鵝絨的厚毯上」：觸覺。
（四）「如水的密」：視覺。
（五）「如煙的輕」：視覺。

象徵訓練

具體意象，含蘊無窮

● 學習主題

對於任何一種抽象的觀念、情感與看不見的事物，不直接予以指明，而由於理性的關聯、社會的約定，從而透過某種意象的媒介，間接予以陳述的表達方式，叫做象徵。象徵的修辭效果，能豐富人們的聯想，耐人尋味，讓人獲得意境無窮的感受。

● 寫作要訣

象徵是指藉著某一個具體事物的外在特徵，寄託某種深刻的思想，或者表達某種富有特殊意義、道理的修辭技巧。簡單來說，象徵就是以一種看得見的符號來表現看不見的事物。象徵的具體事物和象徵的意義、道理之間，並沒有必然的聯繫。但是透過象徵物的特徵，能夠讓人們產生聯想，從而領略出象徵的意義或道理。

另外，根據約定俗成的傳統習慣和習性，選擇大家所熟知的象徵物，也能表達特定的象徵意義。如「紅色」象徵「喜慶」、「獅子」象徵「勇敢」、「鴿子」象徵「和平」、「太陽」象徵「光明」、「國旗」象徵「國家」……

●象徵和譬喻的異同

象徵和譬喻容易混為一談，它們的共同點是：都是以一種事物或者情境來說明另一種事物或情境。不同的是：譬喻的喻體是清楚的，毫不含糊，然而象徵手法中所要說明的事物都是含蓄的，有時容易引起爭議。其次，譬喻往往針對句子，象徵常常牽涉全篇。這些基本認知要先弄清楚。

●表現技法

一——普遍的象徵

是指放諸四海而皆準，可以獨立存在，不受文章上下文的限制，是人人都可以周知的象徵。如狐狸象徵狡猾、火光象徵希望、梅花象徵堅忍、龍象徵中華民族、十字架象徵基督教……

例1 慈母手中線，遊子身上衣。臨行密密縫，意恐遲遲歸。誰言寸草心，報得三春暉。（孟郊〈遊子吟〉）

解說　「誰言寸草心，報得三春暉？」是借春暉（光）溫暖撫育小草，象徵慈母的教養恩情，為人子女難以回報。

例2　沒嫁的查某囡仔，命好不算好，你將來還不知道姓什麼呢？查某囡仔是油麻菜籽命，嫁到歹尪，一世人未出脫，像媽媽就是這樣。一頭仰望著即將降到不可知田地裡的一粒「油麻菜籽」。（廖輝英《油麻菜籽》）

解說　文中「油麻菜籽」象徵「女子卑微的命運」；《油麻菜籽》整部小說，象徵女主角母親的命運，意義十分凸顯。

二——特定的象徵

是指受到上下文限制的象徵。在某一篇文學作品中，特定的場景、情境、氣氛下，某種事物的象徵意義；但是在其他的作品或不同的情境當中，這個事物就不一定具有同樣的象徵意義。文學作品中的象徵，大多屬於這種「特定的象徵」。

範例　我說道：「爸爸，你走吧。」他望車外看了看，說：「我買幾個橘子去，你就在此地，不要走動。」我看那邊月台的柵欄有幾個賣東西的等著顧客。走到那邊月台，須穿過鐵道，須跳下去又爬上去。父親是一個胖子，走過去自然要費事些。我本來要去的，他不肯，只好讓他去。我看見他戴著黑布小帽，穿著黑布大馬褂、深青布棉袍，蹣跚的走到鐵道邊，慢慢探身下去，尚不大難。可是他穿過鐵道，要爬上那邊月台，就不容易了。他用兩手攀著上面，兩腳再向上縮；他肥胖的身子向左微傾，顯出努力的樣子。這時我看見他的背影，我的眼淚很快的流下來了。我趕緊拭乾了淚，怕他看見，也怕別人看見。我再向外看時，他已抱了朱紅的橘子望回走了。過鐵道時，他先將橘子散放在地上，自己慢慢爬下，再抱起橘子走。到這邊時，我趕緊去攙他。他和我走到車上，將橘子一股腦兒放在我的皮大衣上。於是撲撲衣上的泥土，心裡很輕鬆似的，過一會說，「我走了；到那邊來信！」我望著他走出去。他走了幾步，回頭看見我，說：「進去吧！裡邊沒人。」等他的背影混入來來往往的人裡，再找不著了。我便進來坐下，我的眼淚又來了。（朱自清〈背影〉）

解說　這一篇膾炙人口的〈背影〉，所以烙印在廣大讀者的心坎裡，是因為「背影」的視覺意象。然而，為什麼會注意到父親的背影呢？那是因為朱自清的父親要爬上月台去為兒子買橘子。所以「朱紅的橘子」就成為「父愛」的象徵了。這是特定的場景、情境、氣氛下的產物，換到別的地方，「朱紅的橘子」就不一定成為父愛的象徵了。

● 注意事項

象徵必須針對所選用的象徵物做適當的處理、經營、設計、安排。在適當的場景、情境和氣氛中，藉著具體的意象來凸顯抽象的感情、道理。要求自然、妥當、貼切，不可流於穿鑿附會，或者曖昧生澀。同時要注意的是，象徵要發揮深刻的意義，讓讀者產生鼓舞情感的作用，這樣子，象徵的修辭才能展現它的感染力而引人入勝。

●寫作起步走

一、請細心體會「象徵」的表現手法，指出下列物體的象徵意義。

範例 橋——象徵溝通

（一）羊 （二）牛 （三）松 （四）柳 （五）竹 （六）蝸牛 （七）菊 （八）肩膀 （九）駱駝 （十）窗

二、以下王維〈送元二使安西〉是送別名作，請仔細品味原詩，你認為何者具有離情的象徵？

渭城朝雨浥輕塵，客舍青青柳色新；勸君更進一杯酒，西出陽關無故人。

三、以下是《梅花》一曲的歌詞，就這一首歌而言，你認為梅花可以象徵什麼？

梅花梅花滿天下，愈冷它愈開花。梅花堅忍象徵我們，巍巍的大中華。看那遍地開滿了梅花，有土地就有它。冰雪風雨它都不怕，它是我的國花。

四、請仔細閱讀下列文字，然後說明這段文字如何運用象徵手法。

宋朝畫家鄭思肖，畫蘭，連根帶葉，均飄於空中，人問其故，他說：「國土淪亡，根著何處？」國，就是土，沒有國的人，是沒有根的草，不待風雨折磨，即形枯萎了。我十幾歲，即無家可歸，並未覺其苦，十幾年後，祖國已破，卻深覺出個中滋味了。不是有人說：「頭可斷，血可流，身不可辱嗎？」我覺得應該是：「身可辱，家可破，國不可亡。」（陳之藩〈失根的蘭花〉）

五、楊逵以〈壓不扁的玫瑰花〉象徵著台灣人民在日治時代不屈不撓的心。請你以任何一種植物做象徵，寫一篇短文，題目自訂，字數在三百字以上。

六、請參考「象徵」的表現手法，以「台灣牛」為題，寫一篇文章，字數在四百字以上。

七、請運用「象徵」的表現手法，以「爬山」為題，寫一篇文章，象徵的主題不拘，字數在六百字以上。

●參考習作

一、（一）羊：象徵吉祥、親善、祥和、仁義、公平。

（二）牛：象徵忠心、勤奮、力量、財富、奴隸。

（三）松：象徵堅貞、長壽、長青不老、堅毅挺拔、傲岸不屈。

（四）柳：象徵別離、柔弱、女子的腰和眉。
（五）竹：象徵謙卑虛心、人品清高。
（六）蝸牛：象徵努力、積極向上、務實、堅持不懈、緩慢、落後。
（七）菊：象徵長壽、尊嚴、崇高、自得自樂。
（八）肩膀：象徵責任、擔當、男人魅力。
（九）駱駝：象徵任重道遠、負重致遠。
（十）窗：象徵溫暖、家、情感寄託。

二、客舍，原本是羈旅者的伴侶；楊柳，更是離別的象徵。選取這兩件事物，是作者有意綰合「送別的離情」。

三、梅花象徵中華民族堅忍不拔、不屈不撓的精神，這是普遍的象徵。
（一）凌寒留香，梅開百花之先，獨天下而春，有傳春報喜的吉祥象徵。
（二）寒梅傲雪，冰肌玉骨，不畏嚴寒，象徵堅貞不渝、傲骨、堅強。

四、文章以鄭思肖畫失根的蘭花做象徵，具體生動的表明了一個人不能失去他的根，不能忘懷他的家鄉。

五、**桂花**

大家都聽過「八月桂花香」，那是指夏曆說的，約莫中秋節以後，就是老廟的桂花季了。一想到桂花，那濃郁的香味彷彿聞人而來。小時候，每逢星期假日，父親常帶我上山朝廟，沿著誠正國中圍牆走，跨過水圳，就是新北市了，我們走路的節奏彷彿就緩了下來。記得，禪寺的法師老喜歡教我辨識滿禪院的花，花種多，我總記不住。老寺主院中，種最多的就是桂花樹，顏色單一，米米白白，住持最喜歡凝視桂花樹盛開。帶髮修行負責打掃禪院的居士們，總在桂花綻開的季節，刻意讓桂花鋪地，好些日子不去動它。

桂花樹不像梅花那麼有姿態，笨笨拙拙的，不開花時，只是滿樹茂密的葉子，開花季節也得仔細的從綠葉叢裡找細花，它不與繁花鬥豔。可是桂花的香氣，真是迷人。有人喜歡桂花孤味的濃香，有人喜歡看風吹桂花轟轟烈烈的灑落，當然還有人喜歡吃桂花的香氣。有一回住持手捻著佛珠，如如不動，我注視他好久，他緩緩轉頭看我，咯咯的說：「桂花俗得多美啊……」甚合我心，我寧可歡喜桂花的俗，就是愛桂花。

桂花，真叫我魂牽夢縈。

六、台灣牛

台灣牛犁田，總是一步一步往前走，該轉彎就轉彎，除了偶爾側看跟在牛後的雛牛，示意跟上外，牠的性情總是不斷往前走。台灣的農夫只取水牛耕作，不取黃牛，很多人不明白，台灣水牛不需要鞭策，不需要怒喝，工作起來，牠總是一直往前走。所以有人說台灣牛的精神，就是台灣人的精神，沒有什麼好說，要拚才會贏。

你可以說台灣牛憨直，甚至有點兒愚蠢。我的祖父的祖父的祖父，很久以前就傳話交代下來，要疼惜咱們的水牛。台灣牛不知什麼時候開始在台灣這塊土地上生根的，生在台灣這塊多災多難的土地上，身為台灣水牛，牠們敢情知曉，台灣牛的人生，只有一個信念可走，就是一步一步向前走。

一代告訴一代，下一代從來沒有抱怨過上一代。久而久之，鄉紳耆老說台灣牛的精神就是台灣人的精神，阿公阿嬤也說台灣人的精神是從台灣牛學來的。於是尊敬水牛的認真起來了，感恩水牛的人覺醒了；對台灣牛的尊敬就是台灣人的自信，對台灣先民勤奮的感恩就是對開發台灣的真誠懷念。台灣牛吃苦耐勞的精神，已成為台灣社會普世的價值。

水田裡的台灣牛已經不容易看到了，台灣人的精神還在嗎？

七、爬山

爺爺奶奶退休之後，喜歡爬山，只要週末放假沒事，他倆總是拉著我去爬山。我並不頂愛爬山，爺爺奶奶口口聲聲說這是可以鍛鍊身子的好休閒。只要有空，爸爸總會慫恿我，陪陪爺爺奶奶，代替爸爸媽媽行孝，這個冠冕堂皇的理由，我就經常爬山了。

爺爺告訴我：「我從小就怕山也恨山，有人說人人都有投入大自然懷抱的渴望，我從來沒這樣想。打從我十歲左右，每逢暑假或者平常的禮拜天，就跟著家人上山撿木柴，一天兩擔，那個年頭沒有瓦斯、沒有煤氣爐，不是溪裡撿漂流木，就是山上撿拾柴火，上山就是工作，爬山哪裡是運動，根本就是勞動。」奶奶說：「現在我們上山真的是鍛鍊身體，休閒走路，散散心，假日如果沒有事，爬爬山，流流汗，對身體好，新陳代謝比較順暢……」

爺爺奶奶的話我聽進去了，每週最少一次陪他倆走走山玩玩水。定期爬山以後，深深明白這可不是容易的事。爺爺教我走山路的訣竅，上山時力量放在小腿上，下山時膝蓋略微彎曲，這樣才不會傷到膝蓋……

小學高年級組合唱比賽，我們班選了《上山》這個曲子，這首歌特別難唱，音樂老師說不是音唱對就行了，合唱要唱得協調，抑揚頓挫分清楚，這一條歌要把上山的感覺唱出來，快慢有致，要把感情唱出來，成不成功就在這裡！

「努力！努力！努力往上跑！我頭也不回呀！汗也不擦，拚命的爬上山去。半山了！」像剛上山的時候腳程勇健得很，很快就到半山了。

「努力！努力往上跑！上面已沒有路，我手攀著石上的青藤，腳尖抵住岩石縫裡的小樹，一步一步的爬上山去。小心點！小心點！小心點！」像爺爺說的，腿力已乏，這時候要小心翼翼。「樹椿扯破了我的衫袖，荊棘刺傷了我的雙手，我好不容易打開了一條線路爬上山去。好了，好了，上面就是平路了，努力！努力！努力往上跑！」

記得爺爺說：「腳力盡時山更好，莫將有限趁無窮。」再加把勁兒，再加把勁兒……「上面果然是平坦的路，有好看的野花，有遮蔭的老樹……」果然老師當面嘉許我，說我唱出爬山的味道：「來示範一遍。……」感謝爺爺奶奶的提點，我會爬山了，也愛爬山了……

誇飾訓練

誇張鋪飾，鮮明凸出

● 學習主題

語文中誇張鋪飾遠遠超過客觀事實的修飾手法，叫做誇飾。誇飾的產生因素，在主觀上來說，是由於寫文章的人想語出驚人；在客觀上而言，是由於容易滿足讀者的好奇心理。

● 寫作要訣

「誇飾」，是為了文章表達的需要，故意言過其實，對客觀的人、事、物做擴大或者縮小的描述。運用「誇飾格」的修辭法，目的在於強烈的表現對於事物的鮮明態度和感受，達到感染讀者的作用。

這種透過對事物的誇飾手法，以引起人們豐富的想像，性質上可以分成兩類。

㈠ **擴大誇飾**　故意把事物擴大，包括往高、往強、往多、往快等方面的誇飾。

㈡**縮小誇飾** 故意把事物縮小，包括往低、往弱、往少、往慢等方面的誇飾。

● 表現技法

一——空間的誇飾

例1 霜皮溜雨四十圍，黛色參天二千尺……雲來氣接巫峽長，月出寒通雪山白……（杜甫〈古柏行〉）

解說 詩中所寫的「古柏」，位於成都武侯祠（諸葛亮廟）中，說樹大四十圍（一二八〇尺），說樹高二千尺，說古柏樹上的「雲氣」接巫峽，說月出通雪山，都是講古柏之高，顯然是「空間」誇飾的手法。

例2 每一棵竹子都在不顧一切的往上鑽挺，像要去捕星星、摘月亮，也好像是大家一起去搶奪那片藍藍的天空。（張騰蛟〈溪頭的竹子〉）

解說 屬於「空間」的誇飾。

二——時間的誇飾

例1 朝辭白帝彩雲間，千里江陵一日還。兩岸猿聲啼不住，輕舟已過萬重山。（李白〈早發白帝城〉）

解說 「千里江陵一日還」」、「輕舟已過萬重山」，都是運用「時間」的誇飾。

例2 八千多日子，已經從我手中溜去。（朱自清〈匆匆〉）

解說 誇張強調「時間」匆匆的逝去。

三——物象的誇飾

例1 兵盡矢窮，人無尺鐵，猶復徒手奮呼，爭為先登。當此時也，天地為陵震怒，戰士為陵飲血。（李陵〈答蘇武書〉）

解說 「天地為陵震怒，戰士為陵飲血」同時運用了「擬人」與物象的「誇飾」。

例2 草木為之含悲，風雲因而變色。……驚天地，泣鬼神。（孫文〈黃花岡烈士事略序〉）

解說 既是「擬人」，同時也是屬於大自然「萬物現象」的誇飾。

四——人情的誇飾

例1 劍外忽傳收薊北，初聞涕淚滿衣裳。卻看妻子愁何在？漫卷詩書喜欲狂。（杜甫〈聞官軍收河南河北〉）

解說 「涕淚滿衣裳」凸顯出情感的激動。

例2 每天吃魚，吃到最後，不但倒胃，連肚子裡都感覺有魚兒在游來游去。（（趙寧〈趙寧遊美記〉）

解說 最後一句鮮明的誇飾倒盡胃口的「心情」。

五——數量的誇飾

例1 千呼萬喚始出來，猶抱琵琶半遮面。（白居易〈琵琶行〉）

解說 「千」、「萬」屬「數量的誇飾」，誇張的形容，讓人印象深刻。

例2 白髮三千丈，離愁似個長；不知明鏡裡，何處得秋霜。（李白〈秋浦歌〉）

解說 白髮哪來三千丈，這就是「數量」的誇飾。

例3 胡老爺方才這個嘴巴打得親切，少頃范老爺洗臉，還要洗下半盆豬油來。（吳敬梓〈范進中舉〉）

解說 「半盆豬油」，誇張形容，效果十分顯著。

● 注意事項

誇飾是以誇大其辭的修辭手法，達到增強文章效果，打動人心的目的。運用這種修辭手法要注意以下幾點：

（一）要以客觀事實做為誇飾的基礎，在誇張之餘，仍要保留真實性，既誇張又真實。

（二）運用誇飾要發揮豐富的想像，要有新意，不可落入俗套。

誇飾的文字，往往兼用其他的修辭手法，運用之妙，存乎一心。這種修辭手法的作用，一方面可以在描摹景物上極態盡妍，凸顯鮮明的效果；另一方面，也足以聳動情感，加強讀者的印象。在文章的表現上，可以適時適宜的運用這種誇飾的修辭法。

●寫作起步走

一、請揣摩「空間誇飾」的手法，完成下列各句。

範例 志願——我要讀盡天下書，像把所有圖書館都放入口袋一樣。

（一）飛　（二）散步　（三）眺望　（四）天空　（五）故鄉

二、請體會「時間誇飾」的手法，完成下列各句。

範例 懶散——當年就有懶懶散散的室友，做什麼事都慢半拍，連洗個澡都得花好幾個世紀。

（一）古墓　（二）跳繩　（三）熬夜　（四）耽擱　（五）吃飯

三、請運用「物象誇飾」的手法，完成下列各句。

範例 晨景——在這早晨，視線裡的藍空欲滴。當麻雀們飽餐了田裡稻粒，便振翅高飛了。

（一）黑夜　（二）烈陽　（三）西北雨　（四）一根火柴　（五）荷

四、請細心領會「人情誇飾」的手法，完成下列各句。

範例 尖叫——突然，一聲女子的尖叫聲嚇得整個地下道顫抖了起來。

（一）辣妹　（二）減肥　（三）酒醉　（四）喜宴　（五）年夜飯

五、請體會「數量誇飾」的手法，完成下列各句。

範例 小氣——阿姨正待為自己辯護，姨丈卻從牙縫中冷冷迸出一句：「一塊錢打十個結。」

（一）校花　（二）賞月　（三）驚慌　（四）巴結　（五）良心

六、請運用誇飾的修辭手法，以一百字完成下列題目。

（一）姊姊的穿著　（二）肉攤一景　（三）夜市　（四）打瞌睡　（五）訓話

七、請閱讀下列短文，並運用誇飾的手法，仿作下列各題。

說星空遙遠麼？童稚期的記憶似乎更遙遠了。若干人的臉，如許的事物，逐漸沉暗下去，化為夢影。但一幅古老的星圖，仍然張掛在記憶的中心，明亮得似乎只要踮起腳尖，便能摘下幾粒來把玩。（司馬中原〈星圖〉）

（一）陽光　（二）記憶中的一條河　（三）飄雲　（四）月朦朧　（五）山在說話

八、請就下列的人物形象，運用誇飾的手法，以二百字進行描寫。

（一）總統府的憲兵　（二）交通警察　（三）○○老師生氣了　（四）胖妹　（五）外籍勞工

●參考習作

一、（一）飛：只要我閉上眼睛，一展翅就是九重天。想飛，其實很容易。

（二）散步：放輕鬆的散步，天涯海角一下子就到了。

（三）眺望：從陽明山往遠處眺望，高雄港清清楚楚。

（四）天空：天空其實不大，一把就可以抓住。

（五）故鄉：故鄉很小，我都小心翼翼的思念，怕把它想丟了。

二、（一）古墓：古墓上列祖列宗的名諱，爺爺從清朝一路說下來，像是昨天的場景。

（二）跳繩：繩子一圈又一圈，跳呀跳呀，很快就把童年跳走了。

（三）熬夜：沒熬過夜的人不知道，秒針如蝸牛，轉一圈像好幾輩子一樣。

（四）耽擱：最怕她化妝，一耽擱起來，皺紋多長了好幾條。

（五）吃飯：小寶貝吃飯特慢，餵一口，就跑走，吃一碗飯就吃掉一個春天。

三、（一）黑夜：夜太黑了，如染上了墨汁，鳥在夜空中迷路了。

（二）烈陽：炎炎夏日，烈陽如火，將火龍果的臉曬得紅咚咚的。

（三）西北雨：上天發了一頓脾氣，一個巴掌打下，天空那一張臉，整齊的歪向西北方，不久，午後的猛雨驟下……

（四）一根火柴：天像一張黑色的宣紙，熱情的火柴一劃，光明撐起了半邊天。

（五）荷：荷露欲滴，團團荷葉都張開了大大的手，等著留香。

四、（一）辣妹：檳榔西施穿著暴露，辣妹把排隊等著購買的嘴巴都燒紅了。

（二）減肥：小花減肥過當，生日吹蠟燭，只見她使盡力氣，吹不動神采奕奕的燭光。

（三）酒醉：爛醉如泥的酒客，把馬路走成8字形，所有的車子都打結了。

（四）喜宴：當新郎緩緩揭開新娘頭紗的時候，全場尖叫聲四起，整個宴會廳像炸開了個大洞一般。

（五）年夜飯：吃完年夜飯後，小傢伙們忽然一起發聲：「恭喜發財，紅包拿來！」把滾燙的火鍋，震得搖搖晃晃。

五、（一）校花：看校園一池敗荷成風景，千朵萬朵曾經的璀璨，都抵不上那池邊一角的老荷，正在長吁最長的一口氣。

（二）賞月：今年中秋八月十五賞月，老媽為了細故生氣，我們和月娘的心都七上八下。

（三）驚慌：歹徒開了一槍，整個巷弄一片死寂，大家噤若寒蟬，宛若被千軍萬馬層層包圍了。

（四）巴結：小張打開黑皮箱，怯怯的說：「這一百萬是孝敬您的……」老大冷冷的回答：「五千萬也買不起我的一顆子彈！」

（五）良心：小偷正要開口解釋，老奶奶狠狠的劈頭就罵：「你的良心被一千元咬得粉碎。」

六、（一）**姊姊的穿著**

已過金秋，寒意漸濃，大家都添了長袖，加了夾克。時髦的老姊，卻一點也不畏寒，不是穿巴掌大的熱褲，就是穿像被咬得稀巴爛的牛仔褲。爸爸常有意無意提醒她，女生穿著要嚴謹一點，別給自己惹麻煩。老姊總是不耐的回話：「都什麼時代了，你這個老古板……」

（二）**肉攤一景**

那長得一臉橫肉的屠夫，正一刀一刀剁著半邊豬，每剁一刀，臉上的肉就抖一下，感覺好像要掉下來似的。

掛著的有嘴邊肉、松坂肉、腰子、豬肝等等，血汁涔涔下，一股腥臊刺鼻的肉味撲上來，讓人冷不防起了個寒顫。肉攤上擺了上肉、梅花肉、五花肉，水溝是一排紅水，飲泣的流淌著……

（三）**夜市**

約莫入夜時分，寧夏夜市已經人潮湧現，這個傳統的老夜市，一直都是以老嗓音在老巷中很傳統的吆喝著，蚵仔煎、碗粿、魷魚羹、燒肉粽、米苔目、燒鵝、鴨肉扁、藥燉排骨……古古老老的骨董小吃，召喚著現現代代的新饕客。這些年大陸客指定這個老夜市，喝下去的啤酒如海，吃下去的台菜如山，一波接一波，蜂擁而至，夏夜的寧夏夜市已經不安寧了……

（四）**打瞌睡**

下午第二節的地理課，老師在台上賣力的陶醉在他的教學情境中，口沫橫飛，嘴角生波，一個人唱他的獨角戲，他的眼神和側著身體的方向，全在聽課的那一小撮好學生身上。從我的方向望過去，十分悽慘，場面如同屍橫遍野，各種姿態都有，教室的左半部幾乎全倒，無聲無息。真佩服地理老師無視的勇氣，第一節的體育課是罪魁禍首，總是把我們操得半死，打瞌睡其實是順理成章的事。

（五）**訓話**

英文老師向班導師告狀，說我們班英文課有很多人做怪，故意發出怪聲音，發音亂發，重音亂飆，上課像菜市場，非常不尊重老師。我們導師是全校有名的斯文帥哥，這一回激怒了他。陳老師一進教室，板起臉孔，臉皮沉重下垂，有如吊了好幾千斤的石頭。起立敬禮坐下後，他一句話都不吭，銳利的眼刀由右至左向全班橫掃，然後再由左至右，一遍又一遍，大家的心臟都快翻吐出來了。鐘聲響了，老師一語不發，走出教室……

七、（一）**陽光**

冬天的暖陽，是孩子們最歡喜的時刻了，媽媽阿姨們都忙著拿被子出來曬太陽。週日沒人管我們有沒有寫功課，我們奔馳在田野裡，我們在水田中央玩泥巴、捏神像、抓蜻蜓、釣青蛙……肚子餓了就「控窯」。抬頭望一望陽光，打個石頭，就點起火來了。蘭陽的冬天，我們最喜歡太陽出來探頭了。

（二）**記憶中的一條河**

到外婆家，如果走馬路，要繞一大圈，走田埂路很快就到。但是必須走恐怖的棺材板橋，那個棺材板橋十分醜陋，陰魂不散，好像隨時要抓人似的。橋面凹凸不平，外祖父總喜歡這樣走，走著走著也就習慣了。有一回外祖父拎著我的小手過橋，一個失神，祖孫竟然一起落水，水不深，我們笑岔了氣。上了河岸，外公說了一段他母親過橋失足，最後溺死的故事，每次走上這一塊棺材板橋，就想起了母親。

（三）**飄雲**

我最愛看天空飄浮的雲，尤其是藍天白雲，徜徉在公園綠草如茵的草坪上，你會發現整個人是放鬆的。天上的雲，是新抽的白紗，詩人隨興織詩，畫師彩筆隨雲。我抓一把就是一個清夢，託蝴蝶夢我的莊周，把心中的不悅全拋到九霄雲外。當我心情不好時，我總是向天空捕雲，不瞞你說，只要你的心動個念頭，雲似乎全靠過來了。

(四)**月朦朧**

月暈如染的夜晚，這個時候你不會管頭上有沒有星星。朦朦朧朧的夜空中，是思念的記憶庫。當一個人獨處的時候，最適合仰視月娘，她的心思就是你的心思。你不用多說話，只要靜靜的凝視那高遠迷茫的光，迷濛之間，好似你就走進月宮，沒人知曉月神早就悄悄走進你的心來了。

(五)**山在說話**

大山一直是最懶的風景。森林在她的領土上蓋起了綠色帝國，參天古木在她的肩膀上生根，花花草草是不動的子民，款款擺擺是唯一的美姿。大山不在乎誰來入住與開墾，等到樹林成蔭，等到花草繽紛，等到身上穿戴大自然如錦似繡的天衣時，大山就要說話了，她示個意，樹風粗獷說話，像個大將軍似的；她點個頭，草姿細語輕唱，像一群含蓄嬌羞的美人在呢喃。大山是最懶的說書人。

八、(一)**總統府的憲兵**

筆挺的英姿，立在總統府的大門兩側。走近一瞧，雪白的頭盔一塵不染，端端正正的嵌著「憲兵」兩個大字；兩眼平視前方，眼珠子黑白分明，像上了黏膠，動也不動；兩腳與肩同寬，一隻手緊握著槍，一隻手緊緊握著，是結實如鐵的拳頭。上衣三條筆直的熨線，八分褲筒當有神。兩個文風不動的憲兵，是只會呼吸的活銅像。

（二）交通警察

炙熱的地氣，從腳下蔓延，然後往上燒、往上燒，站在十字路口的交通警察，汗水像泉水似的，不擇的隨時湧出、滴下、然後快速的流淌。口哨是最忙碌的也是最焦慮的吶喊聲，「逼逼逼……逼……逼……逼……逼……逼逼……逼逼……。」心存僥倖的機車騎士，明白在忙亂的下班時刻，交通警察無法分身開單取締，一手猛加油門，一手緊握剎車器，挑釁的引擎聲把天空轟得快坍塌了。交通警察明察秋毫，「逼逼……逼逼逼……」，邊甩著汗水，邊瞪眼直視，交通如流，機車不敢造次。

（三）○○老師生氣了

小林老師氣沖沖的從校長室走了出來，直奔我們班，攔住同學，大呼：「班長在哪裡？班長在哪裡？找他來，我有話跟他說。……」等不到班長，小林老師火冒三丈，大聲嘶吼：「跟我借課，還說我曠職，這哪門子班長啊，這是什麼班啊？……」

班長手持雞排，大口大口啃，像魯智深大碗喝酒大塊吃肉的模樣，十分水滸英雄，出現在走廊，一句話沒吭。小林老師看到班長，火力全開：「說！你說，你為什麼要對校長說假話……」班長不疾不徐的回答：「是校長看到你不在，我們正在練唱，沒想到是校長來查堂。不干我們的事……」「你不會說調課啊，腦殘啊……」說完悻悻然離去。

（四）**胖姊**

說她是胖姊，一點也不為過。明明是兩條腿走路，看上去活脫是一座山或一個板塊在移動。更妙的是，她走起路來，一頓一頓的，前肚會拖著後臀搖擺，十足日本相撲選手的架式；行進的樣子完全是木桶式的前進，雙手又不自然的擺動。正面一瞧，她的表情又不時在哼歌，只能說她總是這樣跳啊舞啊，胖姊就是這麼自得自在。

她為人特別豪爽，任何人有求於她，她只有回答兩個字簡單扼要的說：「好勢！」胖姊不胖，大家總喜歡以「寬厚」這種優雅的詞語來稱讚她！

（五）**外籍勞工**

說東南亞的外籍勞工皮膚黝黑，其實不太精準。經年累月在工地上曝曬，雖然籠統來說的確是黑，但是一種十分均勻的黃褐黑，感覺比黑人的黑還徹底。黑人的黑是天然的，東南亞外籍勞工的黑是歲月的摧剝，感覺得到生命的磨折與淬鍊。

我們家隔壁有一位看顧老人家的印尼外傭，她先生也在台北工作，是典型的勞工，完全是苦力，賣的是身體的勞力，流的是身體的汗汁。他是鋼架上的勞動藝術家，不懼高，不怕苦，飄洋渡海而來，為的是改善他們的生活，如此而已！

示現訓練

豐富想像，激發共鳴

●學習主題

透過豐富的想像，運用形象化的語言，將實際上不聞不見的人描寫得栩栩如生、如在眼前，讓讀者有如身歷其境，如聞如見的修辭手法，叫做「示現」。示現的對象，有追述、有預言、有想像，不受時間空間的限制，可以將不同時空或實際上不存在的事物描繪到讀者眼前。

●示現的重要

「示現」，是指在寫文章時，某個事物並不在眼前，或者是已經過去的，或者是未來將要發生的；甚至是過去既未出現，未來也不會發生，僅僅是寫作者的一種想像，而寫文章的人把它描繪得活靈活現，好像出現在眼前似的，這種修辭手法稱為「示現」。簡單的說，「示現」就是將不在眼前的事物說得如在眼前一樣。運用這種「示現」的修辭手法，能使閱讀文章的人如聞其聲、如見其人、如臨其境，增強文章的感染力。

●寫作要訣

(一)要有豐富的人生經驗　沒有豐富的生活經驗，就無法展現過往，同時也難以推斷未來。

(二)要有豐富的想像力　沒有豐富的想像力，就無法發揮躍然紙上的寫作功夫。

(三)要有強烈的表現力　沒有強烈的表現意識，就無法凸顯示現的感染力量。

●表現技法

一——追述的示現

將過去生活中本來早已過去的事物，透過文學的想像，描繪得好像就在眼前。

例1　還有，最初的那一次，這美麗的使人驚惶的天象，正是以美麗的方塊字記錄的。在秦始皇的年代，「七年，彗星先出於東方，見北方……五月，見西方……」，秦代的資料，是以委婉的小篆體記錄的吧？而那時候，我們在哪裡？易水既寒，群書成焚灰，博浪沙的大槌打中副車；黃石老人在橋頭等待一位肯為人拾鞋的亢奮少年；伏生正急急的嚥下滿腹經書，以便將來有朝一日再復緩緩吐出。萬里長城開始一天一天疊高、疊遠……忙亂的年代啊，大悲傷亦大奮發的歲月

啊，而那時候，我們在哪裡？我們在哪裡？（張曉風《從你美麗的流域》）

解說　由彗星的歷史記載，一一浮現過去的情景，如：荊軻刺秦、始皇焚書、張良博浪沙奮力一槌、圯上老人的考驗、建造萬里長城……一一呈現，這就是「追述的示現」。

例2　嚴閉的心幕，慢慢的拉開了，湧出五年前的一個印象。——一條很長的古道。驢腳下的泥，兀自滑滑的。田溝裡的水，潺潺的流著。近村的綠樹，都籠在濕煙裡。弓兒似的新月，掛在樹梢。一邊走著，似乎道旁有一個孩子，抱著一堆發白的東西。驢兒過去了，無意中回頭一看。——他抱著花兒，赤著腳兒，向著我微微的笑。（冰心〈笑〉）

解說　從「湧出五年前的一個印象」起：「古道」、「驢腳下的泥」、「田溝裡的水」、「近村的綠樹」、「弓兒似的新月」、「似乎道旁有一個孩子」……都是「追述的示現」。

二——預言的示現

把未來的事情說得似在眼前，如見如聞。它與追述的示現，在時間上恰好相反。

例1　教完這首歌以後，國文老師就不見了。他沒跟我們說要到什麼地方去，但是，我認為我知道。當天邊晚霞消失，我彷彿看見天外有一個人背著行囊，挺著胸膛，在大風大雨中奮鬥，在流血流汗中成長。那人是他，那人也是我。我再也不珍惜家庭的溫暖，鄉情的醇美，甚至也不珍惜國家的保護。失去這些比擁有這些更能增加生命的意義。讓我也流亡吧，我也受迫害吧。我又想死了，我想在攀登懸崖峭壁時失足失蹤，讓同伴向山谷中丟幾塊石頭，象徵性的做我的墳墓。讓浩浩天風捲走他們的淚水，落在另一座山的野花上，凝成露珠。（王鼎鈞《碎琉璃》）

解說 畫線的文字，是以第一人稱「我」，運用預言示現的修辭手法。

例2 讓我們都當自己是駱駝，來為這多苦難的民族負重吧！精神上的內在儲藏，就是我們賴以跋涉的駱背和駝峰。我們要走過風沙迷眼的荒漠，走過疾風怒號的暗夜，走過冰霜嚴寒的冬季，一直走到春來雨潤的綠洲。（司馬中原《走進春天的懷裡》）

解說 畫線的文字，是以第一人稱「我們」，運用預言示現的修辭手法。

三——想像的示現

不管過去是否有過，也不管未來是否發生，都把所想像的事情說得如在眼前一般，與時間的過去未來完全沒有關係。這種示現的感情比較強烈，想像比較豐富。

例1 可是有一晚再也不忍心目睹辛先生再這般無邊無涯的沉痛下去，伊鼓起勇氣說出了心底的盤算。說完了，本以為辛先生會有激烈的反應，甚而會厲聲呵斥伊不該自貶得如許。可辛先生卻一句話也沒講，只默無聲音的抽著紙菸，眼睛望著窗前的月光。深秋底月，又逢上陰曆十五、十六，肥滿得彷彿聽得到在滴著水，滴答滴答，滴下一粒水珠，便是一顆燦爛底星。滴答滴答，靜謐得何等哪！猛然伊有著屬於不知所措的惶然。怯怯的凝視著辛先生，伊多希望辛先生

能開口說點什麼。（王禎和《香格里拉》〈素蘭要出嫁〉）

解說 從「眼睛望著窗前的月光」以下，就是想像示現的手法。

例2 我把視線停在臉盆的鱉上，牠們仍然在盆底毫無目的的泅泳著、掙扎著。我拿起湯匙，依然玩弄著牠們。那些可憐的小傢伙，根本不懂得反抗，只是默默的接受命運加諸牠們的嘲弄。……走出昏暗的樓梯，站在大街上。面對著的是一幅活潑的、生動的、熱鬧的、煩囂的夜景。霓虹燈、廣告牌、大排長龍的車群、一波波起伏的人潮、一雙雙摟抱著走過的情侶。笑聲、叫聲、喇叭聲、館子裡跑堂的吆喝聲，熱門音樂瘋狂的節奏，平劇震耳欲聾的鑼鼓。我雙手插在口袋裡，慢慢的走過那些店鋪、那些櫥窗。在我的眼裡，這些突然都變得陌生起來了。我好像從一個世界走入了另一個世界，從一個星球踏上了另一個星球。這兩種截然不同的世界，交互的在我的眼前顯現。右耳填滿了現場的喧鬧，左耳卻迴盪著盆底那細微的、清脆的水響。右眼塗滿了一片絢麗的色彩，而左眼卻有一隻鱉，在盆中慢慢的爬著、掙扎著、翻滾著。（古蒙仁〈盆中鱉〉）

解說 運用想像的示現，令人久久不能自已。

● 注意事項

示現的修辭手法，是一種跨越廣闊時空、跨越客觀情境的修辭格。這種修辭法，它把想像的事物說得栩栩如生，讓讀者如見其人，如聞其聲，如觀其貌，強烈的感染了寫作者的喜怒哀樂。示現修辭法在作文中運用十分廣泛，有的逼真的敘述原因，有的誠摯的表現心願，有的縱情高歌，有的強烈批判。在進行這種修辭手法時，要根據文章主題的需求，注意材料的取捨。

●寫作起步走

一、請細心體會「追述的示現」的手法，完成下列各題，字數在二百字到三百字之間。

範例 每個秋天，當露水濕透了我的襟袖，在淚光中，我似乎又看到了故鄉的湖水，湖邊我常坐的青石，石邊更有那凌亂的菖蒲，如同英雄鏽了的青劍……（張秀亞〈秋日小札〉）

（一）兒時的記憶　（二）一張舊照片　（三）爺爺說過的話　（四）那一年的冬天

（五）家鄉的月

二、請參考「預言的示現」的手法，完成下列各題，字數在二百字到三百字之間。

範例 綠葉叢中紫羅蘭的囁嚅，芳草裡鈴蘭的耳語，流泉邊迎春花的低笑，你聽不見麼？我是聽得很清楚的。她們打扮整齊了，只等春之女神揭起繡幕，便要一個一個出場演奏。現在它們有點浮動，有點不耐煩，春是準備的，春是等待的。（蘇雪林〈青春〉）

（一）五十年後的我　（二）奶奶，您在天國等我　（三）叫我張將軍

（四）別小看張三　（五）我的承諾

三、請揣摩「想像的示現」的手法，透過豐富的想像，完成下列各題，字數在二百字到三百字之間。

範例　對整個中國版圖來說，群山密布的西南躲藏著一個成都，真是一種大安慰。我初次入川，是沿寶成鐵路進去的。已經看了那麼久的黃土高原，連眼神都已萎黃。山間偶爾看見一條便道，一間石屋，便會使精神陡然一震，但它們很快就消失了，永遠是寸草不生的連峰，隨著轟隆隆的車輪聲緩緩後退，沒完沒了。也有險峻的山勢，但落在一片灰黃的單色調中，怎麼也顯現不出來。造物主一定是打了一次長長的瞌睡，把調色板上的全部灰黃都傾倒在這裡了。（余秋雨《文化苦旅》〈五城記〉）

（一）走在熟悉的小河邊　（二）鐘聲滴答滴答　（三）白茫茫的菅芒花

（四）聽老公雞的報曉聲　（五）站在祖宗的牌位前

四、請以「想飛」為題，運用「示現」的修辭手法，寫一篇讓自己的心靈無限馳騁奔放的文章，字數在四百字左右。

範例　年輕人很像鳥，翅膀長全了，就有單飛的衝動。鳥的腳上沒有繫綁，飛來飛去，任憑主意；年輕朋友不同，不是每個人都能率性而為。所以，只能想像自己是風箏，只要風夠大，線夠長，就能想像飛多高飛多遠。

五、鄉愁是遊子的收線者。閱讀完下列的現代詩後，請假想自己是一個在外奮鬥多年的異鄉遊子。不管你打算「少小離家老大回」，或者「錦衣車馬好還鄉」，請以「想家」為題，以「想像的示現」的手法進行布局，將深藏內心的渴望，一吐為快，字數在六百字左右。

範例 有一種船／名字叫流浪／有一種帆／名字叫希望／當追趕潮流的風吹起／帆船總是船頭面向船多的地方／可又這種帆呀這種船／扯不轉固執的船尾／那槳堅持著一個港／港的名字叫故鄉（完顏春〈港的名字〉）

●參考習作

一——（一）兒時的記憶

轉呀轉，繞呀繞，我專心的注視。注視著陀螺迴旋的中心，雙眼漸漸迷濛，而我卻在一片迷濛中，看見了爺爺的身影。手往臉上胡亂抹著，抹著抹著，爺爺的身影反而更加清新。

垂髫時的我，最愛看爺爺甩陀螺。拋飛、側投、橫耍、單釘……各種花招，栩栩欲活。小三小四後，我便時常纏著爺爺，請他教我甩陀螺，甩著耍著，爺爺把他的絕活全教給我了。村子裡的小孩就封我為陀螺王！

爺爺離世後，我把陀螺供在心中，怕觸景傷情，從此不再玩陀螺了。昨天在公園散步時，瞧見一對爺孫檔，一老一少忘我的在玩陀螺。心中頓時波濤洶湧，兒時的記憶交織浮現。在轉呀轉，繞呀繞，迷迷濛濛之間。我似乎看見了爺爺，在遠方對我微笑的招著手。

（二）一張舊照片

翻開相冊，映入眼簾的一張照片，勾起那年夏天的記憶。炎熱酷暑，全家南下墾丁度假。旅館安排妥當後，我與弟弟換上泳裝，迫不及待跑到沙灘堆沙堡、戲水去了。

放眼望去，淡黃色的沙灘曲折有致，極其天然；一波波躍動的白浪，在跳啊舞啊；藍藍的天裏著白白的雲，在天空漫遊；弄潮的人啊，打破青春的靦腆，燃燒了初溫的早陽。我們三人偏愛虛擬，合作打造心中的沙雕王國。……

爸爸媽媽和蔚藍的天、湛藍的海、白滔滔的浪花打個招呼，他倆也慢悠悠的手攜手，走向沙灘，我們心情更加愉悅了。三位建築工程師嘰嘰喳喳嘻笑討論，構築碉堡的藍圖，「喀嚓！」一聲，將此刻的歡樂，連同天真的笑容以及呼嘯的海風，都定格在畫面中，留下了我無憂無慮的童年。

（三）爺爺說過的話

每個下雨天，雨聲滴答滴答打在屋簷上。隨著雨滴落下，我臉上也多了兩道淚痕，耳際彷彿依稀聽到爺爺曾對我說的話：「今天會下雨喔，出門記得帶把傘……」「別淋到喔，不然回家又要感冒了……」這是以前我最常聽到的話，是爺爺再平凡不過的叮嚀了，如今再也不能聽見這些話從爺爺的口中說出。

雨天，喜歡它的朦朧美，喜歡它的浪漫美。曾是我最喜歡的天氣，如今卻是我最感傷的場景。每個雨天，爺爺那些話總是如在耳旁響起，我不覺然往四周尋覓。

（四）那一年的冬天

冰涼的細雨如一絲絲銀線，伴隨著寒風拂過我的臉頰。身著的厚棉襖，是奶奶重新縫製過的舊衣，有爺爺的英姿在。帶著家人的關心，這厚厚便便的大襖，像是足以抵禦沁骨寒風的圍牆，我直挺挺的向前走，無畏窮寒的侵擾。

彷彿灰色的顏料倒下，整個街道帶著強度憂鬱的氛圍，路上行人匆忙離去，枯黃的落葉輾在一片雪白的崩塌之下。一間身披橘紅的溫暖店家，傳遞著溫馨與希望。往窗外望去，瑟縮低首的流浪漢，仍在尋覓他泊靠的岸。

那無聲的冷漠，那一年的冬天，顯得格外寒峭。

（五）家鄉的月

家鄉的月，總是特別的圓。看著浩瀚的天空，遠望今夜又圓又大的月，回想起兒時與家人一同賞月，那圓盤如昔，今晚我的心又飄向故鄉。

記得兒時的夏夜，天色漸暗的時刻，吃完飯，與家人一起圍坐後院，聽大人們閒話家常。我與兄妹們的嬉鬧聲，更是打破了寧靜的夜晚。一直到玩累了，我安靜的坐了下來，一屁股坐在石凳上。抬頭遙望，天上的銀盤立即吸住我的目光。月灑下了銀光，映照團聚著的家人們。

看著圓月，想著何時能再與家人團圓，何時能再聽到耳熟的寒暄、嬉戲聲……期盼回家的日子，早日到來。

二——

（一）五十年後的我

清晨的陽光灑落屋內，我睡眼惺忪的走到浴室大鏡前。滿是皺紋的臉龐，彷彿又多了一絲滄桑，一頭蓬亂的白髮，早已找不到一縷青絲。看著鏡中老邁的自己，不禁感慨逝去的青春年華。唉！腰又開始隱隱作痛了……

找到一份早已泛黃的《聯合報》，我坐在最熟悉的沙發角落，老太婆總是嘮叨的說，整天就是坐在沙發上，朝著電視台猛按，我看你早晚會掛在沙發……

斜照的太陽溫暖和煦，我攤開報紙，其實一個字也沒看，就只是呆呆坐著，享受孤獨的悠閒。

五十年過去，初老來臨……

「滴答……滴答……」，規律的時鐘，又再一次將我拉進睡夢中，等到再次睜開眼，已是正

中午。老太婆去朋友家打牌，家，空盪盪的。早上泡的熱咖啡早已變涼，我一口都沒喝。（郭競升）

（二）奶奶，您在天國等我

奶奶，不要擔心我。您闔上雙眼前對我的最後一瞥，流露許多不捨。兩個禮拜前，您握著我的雙手，希望我能關上呼吸器，不讓病魔繼續摧殘您已孱弱不堪的身子。

我彎著身，親聆您最後的餘音。即便心頭淌著血，也不願在您面前掉下一滴淚。奶奶，對您的感謝是千言萬語也無法說得清的，我只能說，我的十五年人生是血淚交織而成。雙親早逝，您不僅擔任嚴父，也擔任慈母，本是含飴弄孫的年紀，為了拉拔我平安長大，不得不身兼數職，最後累出病來。

奶奶，小天使已駕著花車到來，您不需擔心我，也不必回頭。天國，是個美麗的地方，有好大的花園，種了好多您喜歡的紫羅蘭，您就在天國盡情享受吧！但是，奶奶，您一定要等我，或許六十年、七十年後，我們再手牽手，種下更多的紫羅蘭。

（三）叫我張將軍

爺爺的爸爸打過仗，八年抗戰他是個英勇的團長，殺了很多日本鬼子，身上留下很多傷痕，後來在一次突襲行動中犧牲。現在我家客廳的牆壁上，仍然掛著他雄壯威武的照片，雖然已經發黃，但是英姿煥發，就是個英雄。

爺爺身體不好，他老是坐在沙發，時不時就說對不起張家，一生庸庸碌碌的，日子過得太安逸，講一些什麼偏安江左都很淒慘收尾的歷史故事。奶奶總是輕聲細語的回嘴：「你不要把兒孫們的志氣，統統說死了。你爸爸是個好團長，我父親也是個好軍人……」

侍坐在一旁，想到爸爸媽媽都是安安穩穩的公務員。寫功課的時候，我經常斜仰著頭、嘴巴咬著筆桿，瞻視著牆壁上的硬漢，告訴自己說：「等我長大，我要像爺爺的爸爸一樣，做一條鐵錚錚的漢子！叫我張將軍……」

（四）別小看張三

白白圓圓的臉頰、凸凸大大的肚子、肥肥粗粗的雙腿，這些都是張三平常的正常體貌。其實有一件不為人知的祕密，他曾經私底下對我說：在他的身體裡住著一名神仙教母，只要他想要什麼樣的形貌，他立馬能召喚出神仙教母，一轉瞬間，就能將他的外表變臉、變形、變聲也變色，很快就會出現如假包換的偽裝面具。

今天神仙教母給了張三什麼樣的面具呢？是個什麼樣的長相呢？請看：模樣如潘安、俊美如衛玠。一走在街頭，想必所有的人一定為之側目，那些青春女性尤其如此。驚訝讚嘆之餘，總是怨懟上蒼的不公。

雖然張三長得不怎麼樣，但是只要一施魔法，一念一息之間，就變成一個煥然一新的張三。

同學們，可別小看了張三。（江品嫻）

（五）我的承諾

數學老師發完最後一張考卷，我轉個身就走回座位，頭是低的，心是沉的。跟以往一樣，老師沒有數落我。可是我總覺得，這種「懶得理你」、「無視你的存在」的處罰，我的心更痛。數學老師繼續上他的課，我發想我的未來……

從小我對做菜就很感興趣。我要在阿公的故鄉，當個總鋪師辦桌，那會是我最開心的職業。時間一到，我和我的煮飯團隊們，搭個棚子，在路邊燒起各種大菜，有蒸的、有炸的……，菜砧砰砰作響……。小時候，我就特別愛吃拜拜，別人當科學家，我來當總鋪師。

下課鈴響，坐在講桌前的我，站起來和數學老師貼得好近。他給我一個簡單的微笑……哈哈！原來老師並沒有放棄我。老師，有一天，我一定要成為一等一的大廚師。開幕第一天，邀請你成為我的座上賓。

三——

（一）走在熟悉的小河邊

回家路上，必定要經過一條清澈的小溪，看著河畔熟悉的風景，聽著再熟悉不過的潺潺流水聲，小魚群在水中嬉游……

「唰！」剎那間，一道黑影閃過。隨後，映入眼簾的是一條雄武的瀑布。豐沛的流水從瀑布頂端急速而下，奇岩異石間雪白的浪花，排闥而出，奏出了一首激昂的交響曲，一波接一波的泡沫，奮湧而出。

唯一不變的是優游在河中的魚兒，看著壯闊的瀑布奇景，聽著瀑布拍打出雄偉的樂曲，我的胸襟彷彿也跟著變得廣闊了起來。

「唰！」黑影再次閃過，漸行漸遠，清澈文靜的小溪又回到眼前，唯一不變的是，一直在河中逍遙自在的小魚群們。（江品嫻）

(二) 鐘聲滴答滴答

「滴答！滴答！」時鐘踩著單調的步伐，提醒我們光陰流逝，珍惜當下。像是我們平凡乏味的生活寫照，時針分針每天都走著相同的軌跡，做著同樣的事，規律且無趣。有時我會盯著時鐘，聽它數著那看不見也摸不著的時間，思考它對於我們的重要性，卻又對它恆常不變而感到厭煩。

矛盾之際，它又在用那沒有活力的滴答聲，叨念我虛度光陰。或許，它對我有種深切的盼望，盼望我活出精采，把握時光，才不會同它一般，過著枯燥無聊的一生。

「滴答！滴答！」面對會考的此刻，它不再是使我煩躁的聲音，而是促使我向前的動力。

（三）白茫茫的菅芒花

聽奶奶訴說她們小時候的山間歲月。我經常夢想菅芒花她就長在家中後山，然後幼時與家人爬山，秋天可以看到一片如海起伏的白色菅芒花，整片花海，遠望是一波波溫柔的浪花，近看卻又如在翠綠的草上，飄下了片片雪花。

幻想湊近河邊，聽潺潺的水流聲，仔細觀看白芒花，時而下垂，時而隨風搖曳。風吹過來，她不會跑，朝四面八方開展而擺盪；雨淋下來，她不會倒，偃伏至地很快又再次挺起。菅芒花是需要風的，有了風的吹拂，她有了迷人的窈窕姿態；菅芒花是需要雨的，有了雨的洗滌，她有了可人的清新曼妙。

在萬物慘澹的秋日裡，菅芒花家族，包下了整座山、包下了整條溪，瀟瀟灑灑的綻放。在蕭索的秋風中，以她的柔韌屹立不倒；在淒切的秋景中，卻又自帶風采。（王品方）

（四）聽老公雞的報曉聲

隨著自然老師來做田野調查，地點是「鹹魚」他外公家的養雞場。規模很大，鹹魚說養了上千隻的雞，每天都下一個蛋。單親的雞媽媽們都穿白色的衣服，雞貝比們也穿白色的衣服。老師分好組，各自帶開……

記得我阿嬤家梨樹下也養著一群土雞。有一隻雄赳赳的老公雞做牠們的王，每天早上牠都會喔喔喔的叫著。

已經好久沒回阿嬤家了。老公雞還會一早就起床嗎？想像著牠仍然昂首對著太陽的方向，喔喔喔的催喊著後宮佳麗們起床，然後圍著鍾愛的王妃們起舞，一個美麗的晨間愛情就開始了。臨幸的只有兩三隻，其餘的雞妃們，都只能拿著秋扇撲流螢……吃了下蛋，下完蛋又吃……

雞埸王國沒有報曉的喔喔聲，像住在集中營裡的雞姑娘們，連獨守空閨的心情都不曾有過……

（五）站在祖宗的牌位前

今天是爸爸的忌日，媽媽只是淡淡的說：「你爸爸走了五年了。」她倒是講了祖先們的故事給我聽。

曾祖父，從小就沒有父親，三歲失怙，從四、五歲起，靠著幫養鴨人家看守鴨群，換一口飯吃。高祖父個兒不高，是國術館館長。……我隨即墜入想像的世界，他武功高強，那一雙鐵打的「掃把腿」，一使起來一定就像最高速的電扇，看得人眼花撩亂，這是他的獨門絕活。……回到現實，媽媽說不幸遭土匪暗算，年紀輕輕就離開人間。

至於曾祖父不練功夫，那是高祖母交代的。他一生當佃農，一根鋤頭，一支扁擔過一生。祖父的故事，嬤嬤始終守口如瓶，不提。媽媽的故事，其實是不幸又堅強的一生，我心裡很清楚。

站在老祖宗的神主牌位前，我許了一個願：這一生我一定要光宗耀祖。

四——想飛

呼——呼——呼——，冷風在我的臂膀間呼嘯而過，白雲與我做伴，鳥兒和我飛馳。在湛藍的天空中，我恣意放飛自我，從高空鳥瞰：城市的風景盡收眼底，街道上的行人，好似在棋盤上行走的螞蟻。脫離了塵囂的枷鎖，我盡情翱翔、漫飛，高山、峽谷、野溪、古木……無一處不是我一覽無遺的天然美景。展開雙臂，我乘著風，在太虛之最，在天空之極，將自己想飛的美夢，一次放空。

躺在草地上，爬過我臉的螞蟻，打破了我的春秋大夢。我夢到自己在天空飛翔。仰望天空，一隻風箏忽左忽右，慢慢盤旋而上，一對祖孫呵呵大叫，喜不自禁，又跳又笑，彷彿想飛起來。我心底的風箏吹不起，心在吶喊。風箏愈飛愈遠、愈飄愈高，那對祖孫也愈跳愈遠了。我仍躺在草地上，心早已隨著風箏騰飛遙遠的天，在天一方。（郭競升）

五——想家

我是一隻雁，為了更好的生活，飛往溫暖的南方。低頭俯視家鄉，茂密的樹冠如我昔日的床，蜿蜒的山路是美麗的圖案。耳邊的風聲，像母親殷切的叮嚀我出人頭地，早日歸去……

飛至衡山，漸漸暖和的空氣，無法溫熱我孤單的心。恍若在汪洋大霧裡迷失的船隻，我寂寞，不知所措，眼前只能繼續飛行。懷念如同海浪一般拍打我心頭，久久不能揮去。

我已漸漸習慣在異鄉拚搏的日子，雖然思念仍會無預警的突襲，一把揪住我的心。我且飛且停，孤獨的朝夢想飛去。那如地平線般遙不可及的夢，似乎也愈來愈近。我驕傲的痛苦著，也自信的快樂著。我將一切化為動力，繼續前行。風吹著我的孤單落寞，吹著我的思鄉情切。有時候不免低迴，我什麼時候才能衣錦回家……

我是一隻雁，隻身奮鬥的雁，我的家在那遙遠的一方。千百次我偷偷想過回去舒適的家，有母親呵護的家。眺望北方，整理好我複雜的思緒，轉過身，一個旋飛，繼續踏上我的「夢之行」。

（吳宜萱）

擬人訓練

將物擬人，極態盡妍

●學習主題

描述一件事物時，轉變它原來的性質，化成另一種與本質截然不同的事物，而加以形容敘述的修辭方法，叫做轉化。

轉化，可以簡單分成兩種：擬人——將物擬人；擬物——將人擬物。轉化的手法，可以讓靜的變成動的，讓呆板的變成活潑的，帶給人美的感受。

●擬人的重要

「擬人」，是轉化修辭法的一種。描寫一件事物，把事物比擬成人，投射了人的感情，就是擬人法。這種把無情的事物比擬成有情的人，一切都用人的立場來設想事物，無形中也就消弭了人與事物之間的距離。

● 擬人與譬喻

「擬人」很容易和「譬喻」混淆。

「擬人」重點在「比擬」，是把事物當成人來寫；「譬喻」重點在「比喻」，是以「喻依」來說明「喻體」。

舉個例子來說：「斑鳩好像勇士」，是將斑鳩比喻成人，是譬喻的作用；「勇猛的斑鳩」，用寫人的詞句來形容斑鳩，則是擬人的手法，這一點要分清楚。

● 表現技法

例1 以杜甫〈春望〉為例——國破山河在，城春草木深。感時花濺淚，恨別鳥驚心；烽火連三月，家書抵萬金，白頭搔更短，渾欲不勝簪。

解說 詩句中「花」何以能感時濺淚，「鳥」何以能恨別驚心，這就是把「花」和「鳥」比擬成「人」的作用。

例2 以盛唐李白〈獨坐敬亭山〉為例——相看兩不厭，唯有敬亭山。

解說 運用擬人法，使得「敬亭山」跟人一樣有了情。

例3 以南宋辛棄疾〈賀新郎〉為例——我見青山多嫵媚，料青山見我應如是。

解說 同樣也是透過擬人的手法，在文學上創造了生氣盎然的多情世界。

例4 以曹植〈七步詩〉為例——煮豆燃豆萁，豆在釜中泣。本是同根生，相煎何太急？

解說 這是運用擬人成功的典型例子。豆子是植物，沒有感情，由於擬人的作用，豆子變成能哭、能泣、能訴。曹植把自己的情感和處境投射到豆子上，來訴說他的心聲。從譬喻的角度來看，整首詩屬於借喻；從轉化的修辭法來看，則是擬人。

例5 以朱自清〈春〉為例——盼望著，盼望著，東風來了，春天的腳步近了。……鳥兒將窠巢安在繁花嫩葉當中，高興起來了，呼朋引伴的賣弄清脆的喉嚨，唱出婉轉的曲子，與輕風流水應和著。

解說 「春天的腳步近了」、「高興」、「呼」、「引」都是「擬人法」。

例6 以趙景琛〈一片槐葉〉為例——槐樹上有許多葉子，都是槐樹的兒子。

解說 運用了擬人法。

例7 以楊喚〈載重〉為例——樹的愛情是忠實的／她不能離開泥土和鄉村／雷的生活是懶散的／只知道悠閒的散步／愉快的旅行。

解說 擬人的成功例子，讓「樹」和「雷」，變得如此的多情又有趣味。

●注意事項

運用擬人的修辭手法，要精準的掌握客觀事物的特徵，才能進行適當的比擬。同時，將事物擬人化後，一方面要具體呈現人的特性，另一方面也不可失去事物的本色。具有人的特性，才會顯得形象鮮明、生動活潑；保存事物的本色，才會顯得真實自然，引人入勝。這一點是很重要的。

●寫作起步走

一、請細心體會「擬人」的修辭手法，仿作一句。

範例 以「春天」為例——春天的腳步近了，太陽的臉紅起來了。

（一）春天　（二）夏天　（三）秋天　（四）冬天　（五）熱天　（六）雨天

二、請運用擬人的修辭手法，照樣造一個句字。

範例 含羞草十分害臊，輕輕碰她一下，她就低著頭，彎著腰，樣子很可愛。

三、擬人法練習：主題「唱歌的小河」。

範例 一條小河很喜歡唱歌，一邊走，一邊唱，碰到大石頭，歌聲更加嘹亮。

四、請以「○○○自述」為題，運用擬人的修辭手法進行寫作，「○○○」可以是動物、植物或一切大自然的現象，字數在三百字以上。

五、下面文字將「老天爺」比擬成人，請沿用擬人的手法，仍以「老天爺」為題，再另外創作一篇短文。

老天爺你年紀大，耳又聾來眼又花……你看不見人來聽不見話……殺人放火的享盡榮華，吃素看經的活活餓煞！老天爺你不會做天，你塌了罷！……你不會做天，你塌了罷！（明末民歌）

六、請以「○○（某物）」為題，運用擬人的手法，說說「○○」（某物）的煩惱。「○○」，可以是汽車、電梯、紅綠燈、電話、千元大鈔、手機……字數在三百字以上。

七、以下節錄自錢鍾書《圍城》的一個片段，成功運用了擬人的手法。請以家中某一破舊的東西為題，運用擬人的手法行文，字數在二百字左右。

這是輛病車，正害瘧疾。走的時候，門窗無不發抖，坐在車梢的人更給它震動得骨節鬆脫，腑臟顛倒，方才吃的粳米飯彷彿在胃裡琤琮跳碰，有如賭場中碗裡的骰子。

八、以下文字，胡適運用第一人稱的敘述手法，將「老鴉」比擬成人。請仿造這種手法，分別對貓、狗、鴨、雞、牛、蚊子、蒼蠅，進行短句創作。

我大清早起，站在人家屋角上，啞啞的啼。（胡適〈老鴉〉）

● 參考習作

一、(一)春天：春天披上了七彩繽紛的錦衣，準備趕赴一場青青草原的盛筵。
(二)夏天：一聲驚天動地的對天震吼，吼出了夏日澎湃的宣誓。
(三)秋天：金風輕拂，吹落一地泛黃的嘆息。
(四)冬天：雪色任荒野蔓延，殘冬只賸——獨釣一江的蒼茫與孤寂。
(五)熱天：火紅的太陽，滾著火輪子，全面包圍，炸射耀眼的金箭。
(六)雨天：淅瀝瀝、嘩啦啦……傷心的歌唱遍了大街小巷，清音嬝繞。

二、小草的新綠衝破地面，搖曳自己的柔韌，引頸向天，是個大無畏的小巨人。

三、小河蜿蜒於山澗，溜過彎彎小橋，飛過陡峭崖壁，在與大石小石的擊掌中，唱出嘹亮的青春。

四、**大海的自述**

我曾經是陸地上最教人醉心的湛藍。我能奔騰出氣勢澎湃的命運交響曲，也能流淌出悅耳怡人的小步圓舞；我能夠在一進一退的起落間舞出曼妙的華爾滋，也能夠在與礁石峭壁的共舞中，跳出令人驚呼的千堆雪；我能夠讓人們在我身上恣意的乘風破浪，拋卻煩憂，更能夠帶領他們航向生命的精采；我能夠哺育他們創造生命的璀璨。

然而，曾幾何時，我成了令人作嘔的烏黑。我再也不能夠奏出動聽的樂音，因為我的嗓音中充斥雜質；我再也不能夠舞出耀眼的步伐，因為每一次的舉手投足，總會不經意的揮拍出髒污與垃圾；我再也不能夠滋養生命的精采與璀璨，因為滿腹的塑料與油污，早已將我浸蝕成一個完全不認識的自己。

五、老天爺

老天爺，請你賜我一地的絢爛與荒蕪，教我們與您一同看見生命的美麗與哀愁，在繽紛中盛開，在蒼涼裡成長。

老天爺，請您賜我一曲天籟與嘈雜，教我們與您一同聽見生命的歡悅與泣訴，在欣喜中共享共得，在多元中共欣共榮。

老天爺，請您賜我一片芬芳與煎熬，教我們與您一同嗅聞生命的清馨與難耐，在芳香中徜徉，在堅忍中磨練。

老天爺，請您賜我一道甘甜與苦澀，教我們與您一同嚐遍生命的希望與失望，在甜蜜中珍惜，在苦痛中收成。

老天爺，讓我們與您一同共看、共聽、共嗅、共嚐生命的滋味，然後好好叩地謝天。

六、鉛筆的煩惱

我愛我可喜也可悲的人生。我喜歡自己總能把天馬行空的精采走遍紙田，化畦畦荒蕪為燦燦釉綠；然而曾經的辛勤耕耘，曾經的淚水付出，總在一陣狂風白雪中被揩拭。我喜歡自己總能用生命踏實出珍貴的回憶，化稍縱即逝為亙久長存；然而曾經刻劃下的點點滴滴，總在時間的侵蝕下，漸漸模糊了過往。

我喜歡自己總能在主人真心的擁抱，然而隨著主人的喜怒哀樂，我也必須承受陰晴不定的情緒波折。我喜歡自己在時光的輪轉中，走出不一樣的自己，然而在每一次的褪皮與磨削中，也將我逐步帶向生命的終點。

雖然，曾經付出的會被揩拭，曾經清晰的終會模糊，讓我的人生充斥著可喜亦可悲的煩惱。但是我仍堅信，陪主人走過的高山與低谷，早已在主人的腦海中駐足成永恆的美麗，留下比形式更長久的意義，我愛我可悲亦可喜的人生。

七、破舊的東西

歲月，在我身上刻下斑剝；光陰，在我身上烙下印記。我走過千山，行遍萬水，踏過崇山，翻過峻嶺，涉過險灘，度過惡水。我曾在風雨中困頓，在泥淖中陷溺，在飛躍中跌落。但是我滿載回憶，我驕傲在我身上留下的千瘡百孔，那是戰士的勳章。儘管我已不再耀眼，然而我的心依舊閃亮，我的老邁暫歇在家中的一隅，我的心卻志在千里之外。我是長途跋涉時，被點名出征的——舊鞋子。

八、（一）貓：攀岩走壁、躡手躡腳，我在你看不見的地方，將你看得一清二楚。

（二）狗：東翻西找，攤了滿地的頑皮與搗蛋，誰叫你讓我在門口望眼欲穿。
（三）鴨：我用腳蹼丈量春江的遼闊與溫暖，我用嗓音吶喊春天的生機與希望。
（四）雞：我在風雨中盡忠職守，啼出志士仁人的胸襟，鳴出亂世君子的氣節。
（五）牛：我一步一腳印，耕出了農夫的希望與夢想，餵養了人民的成長與茁壯。
（六）蚊子：我不厭其煩的飛翔，只為喚醒你全力以赴的掌聲。
（七）蒼蠅：我有千眼的護身，在轉瞬間，洞悉人類的魔掌。

（柯方渝）

映襯訓練

透視矛盾，對照比較

●學習主題

在語文中，把兩種相似或不同，特別是相反的觀念或事物對列起來，兩相比較，從而使語氣增強，意義顯明的修辭手法，叫做映襯。

映襯的目的，是用來凸顯主要的事物、思想，用類似或相反的事物做陪襯，只是個手段。

●寫作要訣

「映襯」，簡單的說，就是用對某事物的敘寫，來凸顯另一事物的修辭手法。映襯主要是利用事物與事物之間，彼此相類似或相反的關係，兩種事物並列對照，讓主要的事物、道理更加凸顯。映襯的修辭法運用十分廣泛，用來描寫場面、刻劃人物、創造情境、論述道理……等等，都用得上。

● 表現技法

一——反襯

是指對於一件事物，用恰恰與此事物的現實或本質相反的詞語來形容。

例1 蟬噪林逾靜，鳥鳴山更幽。（南北朝・王籍〈入若耶溪〉）

解說 山林之間，原本一片幽靜，「蟬噪」、「鳥鳴」適足以打破這個恬靜的氣氛；可是王籍的〈入若耶溪〉，卻運用與幽靜的本質相反的「噪」、「鳴」來形容。依照常理而論，簡直是矛盾不通。可是細細一想，卻無理而妙。因為，用「蟬噪」和「林逾靜」相襯，用「鳥鳴」和「山更幽」相映，反而使幽靜的感覺更加強烈。

例2 我達達的馬蹄是美麗的錯誤／我不是歸人／是個過客……（鄭愁予〈錯誤〉）

解說 「錯誤」用「美麗」形容，也有無理而妙的作用，同樣是「反襯」。

例3 每當我想起這張臉，心中就有很深很深的感動。因為我從那卑微看到了偉大，從怯懦中看到了勇敢，從羞慚看到了掩飾不住的驕傲。這是一張真正屬於母親的臉！（劉俠《生之頌》）

解說 「卑微中的偉大」、「怯懦中的勇敢」、「羞慚中的驕傲」，就是「反襯」的修辭法，適足以詮釋母性的光輝。

二——對襯

是指對兩種不同的人、事、物，從兩種不同的觀點進行形容描寫。

例1 親賢臣，遠小人，此先漢所以興隆也；親小人，遠賢臣，此後漢所以傾頹也。（諸葛亮〈出師表〉）

解說 「親賢臣，遠小人」與「親小人，遠賢臣」；「先漢興隆」與「後漢傾頹」，兩兩相互對照比較，東漢、西漢作風不同，結局迥異，使得文章的語氣增強、意義凸顯，讓讀者留下深刻的印象。

例2 律己宜帶秋氣，處世宜帶春氣。（張潮《幽夢影》）

解說 「處世」與「律己」；「春氣」與「秋氣」，透過相對觀念的對列，道理鮮明，令人印象深刻，這就是「對襯」的效果。

例3 但燈光究竟奪不了那邊的月色；燈光是渾的，月色是清的。在渾沌的燈光裡，滲入一派清輝，卻真是奇蹟！（朱自清〈槳聲燈影裡的秦淮河〉）

解說 作者以「渾」的（燈光）對襯「清」的（月色），不但刻劃細膩，而且分明清楚。

例4 自由世界最大的弱點，是有錢不能共享；共產社會最大的優點，是有苦必須同當。（邱吉爾）

解說 透過對襯的手法，將「自由世界」與「共產社會」的特性，凸顯「有錢不能共享」，「有苦必須同當」，一語中的，真是擲地有聲，精闢深刻。

三——雙襯

針對同一個人或同一件事物，從兩種不同的觀點加以形容描寫，恰成強烈的對照。

例1 我是個極空洞的窮人，我也是一個極充實的富人——我有的只是愛。（徐志摩〈愛眉小札〉）

解說 同一個「我」，一方面是「極空洞的窮人」，一方面又是「極充實的富人」。前者強調「我」在物質上窮困貧乏，後者強調「我」在精神上充實而富有，這就是雙襯修辭的典型手法。這兩極化的強烈對照，看似矛盾，其實並不衝突，在凸顯「我」的效果上，十分鮮明。

例2 我曾經對高密東北鄉極端熱愛，曾經對高密東北鄉極端仇恨。長大後，我終於領悟到，高密東北鄉無疑是地球上最美麗最醜惡，最超脫最世俗，最聖潔最齷齪，最英雄好漢最王八蛋，最能喝酒最能愛的地方！（莫言《紅高粱家族》）

解說 這段文字連用五個雙襯，將作者對故鄉的愛恨交加之情，表達得十分透徹。

例3 那是最好的時代，也是最壞的時代；那是智慧的時代，也是愚蠢的時代；那是信仰的時代，也是懷疑的時代；那是光明的時代，也是黑暗的時代；那是有希望的春天，也是絕望的冬天；我們的前途有著一切，我們的前途什麼也沒有；我們大家一直走向天堂，我們大家一直走向

地獄。（狄更斯《雙城記》）

解說 以上出自於《雙城記》卷首的警句，連用七組雙襯，鏗鏘有力，發人深省，令人留下深刻的印象。

●注意事項

映襯雖可細分為反襯、對襯、雙襯，但不外乎兩個原則：

（一）把握矛盾並列原則，塑造對照鮮明的強烈效果。

（二）掌握主題目標的準確原則，充分彰顯文章的意旨。

●寫作起步走

一、請細心體會「反襯」的原則，依照例句，仿寫五個句子。

例1 迷人的嘮叨。

例2 剎那捉住永恆。

二、請細心體會「反襯」的原則，依照例句，仿寫五個句子。

範例 門前細如一髮的小溪，我做五湖四海看。

三、尋寶遊戲：請仔細閱讀下列短文，然後指出何句運用「反襯」的修辭手法。

如今，世界各國的青少年犯罪問題嚴重，其中的主要原因之一，是今天婦女大多不願留在家裡做母親，而在可能的範圍內，盡量離開子女，到外面找一份可以使人感到她更能幹的職業，而忽視了做母親的神聖義務。所以，有人說，現在的孩子們，有許多是父母俱全的孤兒。（祝振華〈向母親敬禮〉）

四、請參考「對襯」的修辭原則，依照例句，仿寫五個句子。

例1 弘一法師與印光法師並肩而坐，正是絕好的對比：一個水樣的秀美、飄逸，而一個是山樣的渾樸、凝重。（葉紹鈞〈兩法師〉）

例2 寧鳴而死，不默而生。對好人好事讚美而不歌頌；對壞人壞事批評而不謾罵。（王大空《笨鳥慢飛》）

五、請細心體會「雙襯」的修辭原則，依照例句，仿寫五個句子。

例1 春嬌來了以後，引起了一些人的注目，也引起了一些人的側目。

例2 以後在課堂上偶一回頭，一定會觸及他眼鏡後一雙又凝住，又游移的目光。

六、文章仿寫：請仿造下列「雙襯」的修辭手法，完成下列各題。

一顆石頭，拋入一泓池水，引發了一陣衝擊，這情形可從各種不同的意義來看：一是擾亂了清靜與安寧；一是破壞了水池的如鏡景象；一是驚嚇了池中之魚。但是，也可說——一是注添了池中的氧氣；一是激發了水池的生氣；一是為池水增添了動態。所以，外來的衝擊，有破壞的力量，也有激濁揚清的作用，主要的是要看我們如何去回應，去思考。（《聯合報》〈黑白集．衝擊〉）

（一）烏雲密布　（二）天災　（三）未來　（四）憧憬　（五）靜思

●參考習作

一、（一）甜蜜的負荷。

（二）卑微的驕傲。

（三）巨大的微弱。

（四）厚積而薄發。

（五）寬宏的虐待。

二、（一）在這段不被應允的情感中，也許遺忘是最好的思念。

（二）如果服從是慎言的忍氣吞聲，那我選擇接納多元的大鳴大放。

（三）我在一朵小花中，領悟生命的天寬地闊。

（四）因為放手是最美的擁有，所以我選擇與你背對背的擁抱。

（五）你主動的示好，劃破了這場寧靜的爭吵。

三、所以，有人說，現在的孩子們，有許多是父母俱全的孤兒。

四、（一）最喜歡吃自助餐，中式西式，琳瑯滿目：一方面飽嚐家鄉老味，十分滿足；一方面吃盡歐美佳餚，十分開心。

（二）散步和跑步，都是最方便的運動：一個可以跟自己自由自在的談心情，一個可以聽到自己蹦蹦蹦的心聲。

（三）太極舞與熱舞同場演出，正是絕妙的天與地：一個寧靜中擁有千軍萬馬，一個活躍裡藏著柔水輕波。

（四）綠色與黃色，是大地最尋常的色調：一個是生機澎湃的外衣，一個是功成身退的身影。

（五）教室裡，老師與學生，是微妙的組合：台上的老師，口沫橫飛，諄諄教誨；台下的學生，聚精會神，靜靜聆聽。

五、（一）大雨傾盆，灌溉了一些人的希望；也摧毀了一些人的夢想。

（二）當帷幕揭開，一定能看見演員們，那一雙雙既期待又怕受傷害的眼神。

（三）考試這回事，考得好很開心，考不好又很難過，真是又愛又恨。

（四）韭菜水餃，口味重，是我最愛的一刻；吃完口氣欠佳，也是我最尷尬的時候。

（五）自習課，是班上秩序最糟的時間，卻也是感情最奔放的狀態。

六、（一）**烏雲密布**

妖巫與黑怪的出世，揭開了風強雨驟的序幕，同時也預告了雨過天青的降臨。烏雲密布帶來了閃電雷擊的可能，帶來了傾盆大雨的警示，但同時也昭示著新的澄澈清明即將漾現。生命的七彩虹影，將湧現在回首來時路的山頭斜照中。

（二）**天災**

一場天崩地裂，震碎了房舍城垣，也震醒了人們的自省與反思；一夜風強雨驟，吹倒了巨樹桅杆，也吹出了人們的互助與守望；一瞬間的燈熄火滅，黯淡了一室的光明與便捷，但卻亮起了人與人之間的交流與分享。

（三）**未來**

未來像水的清澈，純淨無瑕，可以容下任何的豐贍；未來如水的能屈能伸，可以展延各種姿態。因為本質的虛空而有了盈滿的可能；因為從零出發，成了生長萬物的契機。讓我們以過往的滋養，加乘現在的拚搏，寫下未來的美好，讓我們在無中之境裡，生出未來之有。

（四）憧憬

盤點過去的缺少與失去後，我們追尋，追尋未來的擁有與得到。我們在理想與現實的橫渡中擺盪，在真真假假之間幻想；然後在想像中編織具體的夢，在幻境裡流真實的淚，締造一幅雙眼望不著，心裡卻看得見的藍圖。

（五）靜思

寧靜中旋轉出絢爛，沉靜裡敲奏出聲響。在靜中思：思出千軍萬馬的奔騰；思出百花佳卉的綻放。然後讓眾聲在寧靜與沉靜中，喧騰出一番驚天動地的精采。於是，有了照耀百代的床前明月光。

（柯方渝）

排比訓練

接二連三，氣勢磅礡

●學習主題

運用結構相似的句法，將三個或三個以上的詞組排列起來，表達相同範圍、相同性質的修辭手法，叫做「排比」。這種修辭手法應用在文章中，可用來增強措辭的氣勢，加深文章情感的表達。

●寫作要訣

排比句，是指運用三個或三個以上的詞組或句子相連；這些詞組或句子結構相近或相同、字數相近或相同，且意思相關聯的句子。排比句運用得當，能帶給人一氣呵成的感受，增強文章的語勢，也可以並列的說明多種事物或現象。

●排比與對偶的相異點

（一）對偶句必須字數相同；排比句只要字數相近就可以。

（二）對偶句必須兩兩相對；排比句則不受拘束，唯最少三句。

（三）對偶句要避免字同意同；排比句卻以字同意同為常例。

排比的種類

一 單句的排比

是指用結構相似的「單句」（單一獨立的句子），以三個或三個以上的詞組、句子，來表達同範圍同性質的意象。

例1 梅令人高，蘭令人幽，菊令人野，蓮令人淡，秋海棠令人豔，牡丹令人豪，蕉與竹令人韻，松令人逸，桐令人清，柳令人感。（張潮《幽夢影．論花與美人》）

例2 坐著，躺著，打兩個滾，踢幾腳球，賽幾趟跑，捉幾回迷藏。風輕悄悄的，草軟綿綿的。（朱自清〈春〉）

例3 我承認，有些是特別的善於講價，他有政治家的臉皮，外交家的嘴巴，殺人的膽量，釣魚的耐心；堅如鐵石，韌如牛皮；所以他能壓倒那待價而沽的商人。（梁實秋〈議價〉）

例4 我是忙碌的／我是忙碌的／我忙於搖醒火把／我忙於雕塑自己／我忙於擂動行進的鼓

鈸／我忙於吹響迎春的蘆笛／我忙於拍發幸福的預報／我忙於採訪真理的消息／我忙於把生命的樹移植於戰鬥的叢林／我忙於把發酵血釀成愛的汁液……（楊喚〈我是忙碌的〉）

二——複句的排比

是指用結構相似的「複句」（兩個或兩個以上的句子，以並列、承接、假設、因果等關係相組合而成的句子），以三個或三個以上的詞組、句子，來表達同範圍同性質的意象。

例1 對淵博友，如談異書；對風雅友，如讀名人詩文；對謹飭友，如讀聖賢經傳；對滑稽友，如閱傳奇小說。（張潮《幽夢影．論處事交友》）

解說 以上論交友與讀書，是「四個複句」的一組排比句。

例2 人總是看不到最高點，卻看得到最低點。人在最快樂時，並不知道自己多麼快樂，總要到日後回憶起來方才明白；人在最幸福時，並不知道自己多麼幸福；人在被人愛時，並不知道這份情感多麼可貴；人在意氣風發時，並不知道自己已經到達事業的巔峰，開始走下坡路了……（張系國〈陳腔濫調〉）

解說 以上文字以五個複句排比人生的處境，筆調犀利，十分傳神。

例3 一生都是命安排，求什麼？今日不知明日事，愁什麼？兒孫自有兒孫福，憂什麼？人事難逢開口笑，苦什麼？得便宜處失便宜，貪什麼？榮華富貴眼前花，傲什麼？治家勤儉勝求人，奢什麼？寃寃相報幾時休，結什麼？世事如同棋一局，算什麼？聰明反被聰明誤，巧什麼？虛言折盡平生福，謊什麼？欺人是禍饒人福，卜什麼？一旦無常萬事休，忙什麼？（〈警世格言〉）

解說　以上列舉十三個複句排比警世的格言，參透人生，放下自在。

●注意事項

排比句對於修辭來說，主要的作用在表現磅礡的氣勢，壯闊文章的內容。將性質相同，結構相似，字數相當，內容相關，句子相連的詞組、句子，接二連三排比而出，可以充分表現文章的節奏感與旋律美，也足以提振人心。於敘事寫人來說，會顯得鮮明凸出；於抒情寫景而言，能達到淋漓盡致；於說理議論而言，尤其深刻具體。學生們不妨嘗試這種句法，讓你的文章鮮活起來。

●寫作起步走

一、請體會排比的基本原則，依照例句，仿寫五個句子。

範例　天上星多月不明

塘裡魚多水不清

二、請依照排比句的原則，完成下列空格。

世界要是沒有光
也就沒有楊花飛絮的春天
也就沒有百花爭妍的夏天
也就沒有＿＿＿的秋天
也就沒有＿＿＿的冬天
世界要是沒有光
看不見奔騰不息的江河
看不見＿＿＿的森林
看不見＿＿＿的大海
看不見＿＿＿的雪山

三、請依照下列「不……不……不……」的句法，仿寫三句。

範例　不炫己之長，不揭人之短，不誇己之功，不忘人之恩。

四、請依照下列「滿山是……滿山是……」的句法，仿寫三句。

範例　滿山是野草的清香，滿山是發光的新綠，滿山是喧鬧的小溪。

五、請依照下列「我想起了……我想起了……」的句法，仿寫三句。

範例 我想起了金色的沙灘，我想起了蕉葉的煙雨，我想起了塞北的馬蹄。

六、請依照下列「複句排比」的例子，仿寫三句。

範例 天有情，天亦老；春有意，春須瘦；雲無心，雲也生愁。

七、請依照下列「複句排比」的例子，仿寫三句。

範例 濃綠的枝柳後面，襯景是變換的：有時是澄藍，那是晴空；有時是乳白，那是雲朵；有時是金黃的長針，那是陽光；有時是銀白的細絲，那是月色。

八、請以「眾生相（○○相）」為題，以排比句為主進行寫作，字數在一百五十字左右。

範例 這一切內心活動都可以從他們那豐富多采、迥然不同的表情上看得清清楚楚。有人端端正正，嚴肅認真；有人怒目圓睜，慷慨陳詞；有人幽默多智，談笑風生；有人冷靜觀戰，超塵絕俗；有人尖酸刻薄，嘴上無德；有人滿腹委屈，哭訴無門；有人閉目養神，昏昏欲睡；有人神情木然，心不守舍。

●參考習作

一、天上雨多鳥不飛

山前霧多路不明

桌前肉多菜不青
園裡花少蝶不舞
山裡樹少鳥不歌

二、世界要是沒有光
也就沒有楊花飛絮的春天
也就沒有百花爭妍的夏天
也就沒有果實纍纍的秋天
也就沒有白雪皚皚的冬天
世界要是沒有光
看不見奔騰不息的江河
看不見古木參天的森林
看不見汪洋婆娑的大海
看不見綿綿長長的雪山

三、不揠苗助長生命的節奏，不走馬看花生命的燦爛，不狼吞虎嚥生命的精采，不囫圇吞棗生命的厚實。

四、滿山是姹紫嫣紅，滿山是蒼翠蓊鬱，滿山是叢間鳥語。

五、我想起了高山的巍峨，我想起了低谷的幽深，我想起了天空的遼闊。

六、山有情，山亦老；海有意，海需瘦；天有心，天亦生愁。

七、富麗的花園後面，襯景是變換的。有時是湛藍的綢緞，那是晴空；有時是雪白的棉花，那是雲朵；有時是閃爍的亮片，那是星光；有時是鵝黃的圓圈，那是明月。

八、**學生相**

校園的一隅，我看見活潑可人的眾生百態。有人滔滔不絕，大放厥詞；有人調皮搗蛋，嘻笑怒罵；有人振筆疾書，認真學習；有人正襟危坐，豎耳聆聽；有人搖頭晃腦，昏昏欲睡；有人不動如山，對弈周公；有人活動筋骨，你追我跑；有人東張西望，做賊心虛；有人琅琅誦讀，唸唸有詞；有人東塗西抹，梳妝打扮；有人熱歌勁舞，自我陶醉。（柯方渝）

層遞訓練

秩序一貫，適度變化

●學習主題

運用三個或三個以上相連的詞組、句子，字數大致相同，句子的內容以程度的深淺、語意的輕重、範圍的大小、時間的先後、數量的多寡為排列順序，好像階梯似的逐層上升或下降，有秩序的層層遞進，這種修辭手法叫做「層遞」。

層遞句可以發揮層次分明、凸顯文章的重心、增加文章變化的效果。

層遞修辭法是著眼於事物關係的修辭技巧，由於上下句意義的規律化，具有一貫的秩序，透過句型的開展、比較、比例，達到遞進或遞減的鮮明效果，容易理解，幫助記憶，並且可以凸顯文章的重點，讓讀者產生強烈而深刻的印象。

●寫作要訣

(一)必須有兩層以上的意思，並且彼此互相銜接。
(二)這些事物有深淺、高低、大小、輕重、長短等不同比例。
(三)「比例」有一定的秩序，不是逐層遞進，就是逐層遞減，不可混亂。
(四)「比較」常見的形式是「甲不如乙，乙不如丙」，以「乙」做為中間點，來強調「丙」的重要。

●注意事項

(一)**掌握秩序** 要掌握一貫的秩序，才能透過遞進或遞減，產生漸層的美感。
(二)**要求變化** 在層層遞進的規律之中，要求適度的變化，才能表達深刻的效果。

●表現技法

一——就比較關係，來表現層遞技巧

例1 藥補不如食補，食補不如攝生。（俗諺）
例2 天時不如地利，地利不如人和。（《孟子．公孫丑下》）
例3 話多不如話少，話少不如話好。（呂近溪《語錄》）

二——以比例原則，來表現層遞技巧

(一)以數字做為脈絡的層遞

例1 一隻手，兩隻手，無數粗硬的黑手。一陣風，兩陣風，無數呼動的風陣。(王統照〈鐵匠鋪中〉)

例2 宋人的茶道，一人品茶叫「得神」，二人品茶叫「得趣」，三人品茶叫「得味」，四五六人以上就叫做施茶聊天了。(羅龍治《紫色之夢》)

(二)以時間做為脈絡的層遞

例1 少年讀書，如隙中窺月；中年讀書，如庭中望月；老年讀書，如台上玩月。(張潮《幽夢影・論閒與書》)

例2 小時候／鄉愁是一枚小小的郵票／我在這頭／母親在那頭

長大後／鄉愁是一張窄窄的船票／我在這頭／新娘在那頭

後來啊／鄉愁是一方矮矮的墳墓／我在外頭／母親在裡頭

而現在／鄉愁是一灣淺淺的海峽／我在這頭／大陸在那頭(余光中〈鄉愁〉)

(三)以空間做為脈絡的層遞

例1 環滁皆山也。其西南諸峰，林壑尤美。望之蔚然而深秀者，琅琊也。山行六七里，漸

聞水聲潺潺，而瀉出於兩峰之間者，釀泉也。峰迴路轉，有亭翼然臨於泉上者，醉翁亭也。（歐陽脩〈醉翁亭記〉）

例2 車往山上爬，山往雲上爬，雲往無處爬，我卻跌下來被夾道的綠催眠了。（張曉風《我在》）

（四）**以事理推論做為脈絡的層遞**（句法：非甲是乙，非乙是丙）

例1 一個時代總該有個言行高潔的志士；如果沒有，也應該有個叱吒風雲的英雄；再沒有，也應該有個豪邁不羈的好漢。如果連這類屠狗的人全找不到，這個時代就太可憐了。（陳之藩〈願天早生聖人〉）

例2 醫院附近設火葬場，火葬場附近設肥料場，肥料廠附近設農場；人在醫院裡死了以後屍體送火葬場，火葬場火化骨灰後送肥料廠，肥料廠加工成肥料後送農場，農場就用它肥田。這是康有為《大同書》對大同世界的一項政治理想。（楊柳青青〈利用屍體〉）

（五）**以整齊句型開展的層遞**

範例 比岸邊的黑石更遠，更遠的
是石外的晚潮
比翻白的晚潮更遠，更遠的
是堤上的燈塔

比孤立的燈塔更遠，更遠的
是堤外的貨船
比出港的貨船更遠，更遠的
是船上的汽笛
比沉沉的汽笛更遠，更遠的
是海上的長風
比浩浩的長風更遠，更遠的
是天邊的陰雲
比黯黯的陰雲更遠，更遠的
是樓上的眼睛（余光中〈望海〉）

●注意事項

由以上各種層遞的實例，我們可以明顯的體會出，想要讓文章深刻變化，層遞修辭的概念要多多運用。

層遞運用得好，敘事上，可以表達客觀事物之間逐步發展的關係；抒情上，可以將情感抒發得一層比一層強烈，增強文字的感染力；說理上，可以將道理推闡得一層比一層深入，增進文章的說服力。

●寫作起步走

一、請體會層遞的修辭原則，依照例句，仿寫五句。

範例　濃妝不如淡抹，淡抹不如天然。

二、請參考下列層遞句法，仿寫五句。

範例　對長輩謙恭，是本分；對平輩謙虛，是和善；對晚輩謙遜，是高貴。

三、請根據下列層遞句法，仿寫三句。

範例　年輕的妻子像一朵花，欣賞可以側重在「態」；

中年的妻子像一首樂曲，欣賞可以側重在「情」；

老年的妻子像一座博物館，欣賞可以側重在「心」與「歷史」。

四、請根據層遞句法，就下列題目，進行仿作。

範例　整片田園如一組黃系調色盤：比甘藍更黃的是絲瓜，比絲瓜更黃的是泥巴，比泥巴更黃的是稻稈，比稻稈更黃的是菜花，比菜花更黃的是——農夫溢滿陽光的臉龐。

（一）天空　（二）雲　（三）菜園　（四）霧　（五）日月潭

五、請模仿下列句法，完成下列各題。

我們關心的遠比我們知道的少，我們知道的遠比我們所愛的少，我們所愛的遠比我們能愛的少。正確來說，我們所表現的遠比真正的我們的少。

（一）力行　（二）路　（三）理想　（四）未來　（五）戲

六、請揣摩下列短文，仿寫下列各題，字數在二百字以上。

你不必害怕，因為你不一定被徵召入伍；即使被徵召，有可能上前線，也有可能不上前線。如果不上前線，就不必怕！上前線有可能打仗，也有可能不打仗。如果不打仗，就不必怕！打仗有可能受傷，也有可能不受傷。不受傷當然不必怕！受傷有輕傷，有重傷。輕傷也不必怕！重傷有的可以治療，有的就死了。可以治療的，就不必怕！至於死了的，更用不著怕了！

（一）戀愛　（二）考試　（三）賽跑　（四）反抗　（五）比

●參考習作

一、（一）養顏不如養身，養身不如養心。（吳佳穎）

（二）成功不如成材，成材不如成德。（吳佳穎）

（三）聽到不如知道，知道不如學到。（柯方瑜）

（四）吃了不如吃飽，吃飽不如吃巧。（柯方瑜）

（五）大口吃不如慢嚥，慢嚥不如細品。（柯方瑜）

二、（一）對自己要求，是本分；對同行友愛，是能力；對敵人關懷，是智慧。

（二）做人平凡，是守分；做事平實，是態度；心境平淡，是境界。

（三）滿足自己，是本能；關心別人，是熱情；無私無我，是昇華。

（四）對事情努力，是必須；對事情用力，是可取；對事情盡力，是難得。（柯方瑜）

（五）把脾氣發出來，是本能；把脾氣吞下去，是本領。（柯方瑜）

三、（一）幼年像旭日東升，生命充滿希望；盛年像日正當中，生命充滿璀璨；晚年像夕陽西下，生命充滿禪意。

（二）年輕的生活像一座雲霄飛車，生活充滿刺激；中年的生活像一輛火車，生活充滿奔馳；老年的生活像一輛腳踏車，生活充滿閒情。（吳佳穎）

（三）閱讀的初期像拿著望遠鏡，可以粗見故事的輪廓；閱讀的中期像拿著放大鏡，可以瞧見故事的細節；閱讀的後期像拿著透視鏡，可以探究故事的意蘊。（柯方瑜）

四、（一）天空：整座天空是攀爬的競技場，比摩天大樓更高的是山峰，比山峰更高的是雲朵，比雲朵更高的是驕陽，比驕陽更高的是——我胸懷萬里的志氣。（吳佳穎）

（二）雲：天邊堆垛的雲朵是一場服裝秀：比濃密烏雲更美麗的是藍天白雲，比藍天白雲更美麗的是鑲金邊的雲朵，比鑲金邊的雲朵更美麗的是豔紅晚霞，比豔紅晚霞更美麗的是日出雲海，比日出雲海更美麗的是——媽媽縫紉機下我的花洋裝。（吳佳穎）

（三）菜園：比菜園更豐盛的是夜市，比夜市更豐盛的是喜宴，比喜宴更豐盛的是——媽媽親手做的愛心便當。（柯方渝）

（四）霧：比霧更迷離的是煙圈，比煙圈更迷離的是彩霞，比彩霞更迷離的是——女人捉摸不定的心。（柯方渝）

（五）日月潭：比夢幻湖更幽深的是日月潭，比日月潭更幽深的是洞庭湖，比洞庭湖更幽深的是——隔著兩岸的台灣海峽。（柯方渝）

五、（一）力行：我們力行的遠比我們說的少，我們說的遠比我們寫的少，我們寫的遠比想像的少。嚴格來說，肯用腦思考的人很少。（柯方渝）

（二）路：從幼年到壯年，我們從稚嫩走到成熟，我們帶著夢想把羊腸小徑走成康莊大道。（柯方渝）

（三）理想：年少時的理想，猶如隙中窺月，初探罅隙裡的微光閃閃；中年時的理想，如庭中望月，遍地清輝一覽無遺；老年時的理想，如台上玩月，恣意踩踏一池積水空明。（柯方渝）

（四）未來：對孩子來說，未來是嘴裡邊舔邊幻想的棒棒糖；對少年來說，未來是嘴裡邊唱邊微笑的醉情歌；對老年人來說，未來是嘴裡邊唸邊參拜的般若經。（柯方渝）

（五）戲：孩提是一集充滿笑料的卡通劇；青春是一齣洋溢浪漫的愛情戲；中年是一部血淚交織的奮鬥史；晚年是形體漸次模糊的皮影戲。（柯方渝）

六、（一）戀愛：你不要不好意思，喜歡人是一種能力，你不說對方可能永遠不知道。所以戀愛著一個人，一定要讓對方知道，當然對方知道了未必接受；就算對方接受了，這可能是一種禮貌，不好意思馬上回絕你；即使沒有得到對方的回應，你也不要絕望，也許對方是在矜持；最後就算吃了閉門羹，對方嚴斥不要打擾，你也不要難過。下一場戀愛，可能就在轉角等著你。

（二）考試：考試其實只是一種學習的評量，一次考不好是家常便飯，努力一點，下次還有機會扳回來；常常考不好，這也不丟臉，要把問題找出來，到底錯在哪；一直都考不好，你也不用傷心，可能這種學習規則不適合你，請教學習成就高的同學，他們是怎麼成功的；怎麼讀都不行，你也不用灰心，鳥在天上飛，魚在水中游，換個跑道看看。

（三）賽跑：校園裡的測驗，宛如全力衝刺的短跑，考前幾天認真準備即能考出好成績；出了社會的戰場，宛如苦幹實幹的中長跑，耗盡大半壯年，才能耕耘出尚可的成績；長長一生的考驗，宛如翻山越嶺的馬拉松，唯有用一輩子的時光去奔赴，才能跑出生命的精采。（柯方渝）

（四）反抗：遇到什麼挑戰都要用腦筋解決問題，不要存有反抗的心理，以為天下人都對不起你；上司對你不滿意，反抗不是辦法，退一步想，是不是我哪裡做得不周全；部屬對你反抗，以你的權位鎮壓不是辦法，換個角度想，是不是我哪裡考慮得欠周到；一級一級牴觸，一層一層反抗，永遠不能解決問題。

（五）比：比活著更重要的是生命的成長，細看自己是如何活出比昨天更好的自己；比生命的成長更重要的是生命的追尋，俯瞰自己是如何一點一滴踏實出夢想的深度；比生命的追尋更重要的是探究生命的意義，仰望自己因付出而感受到存在的證明；比探究生命的意義更重要的是發揚生命的價值，感受自己如何活出超越個人意義的永恆精神。（柯方渝）

如何使用這本書

●本書學習目標

《起步走笨作文》是針對第一次學作文的人而編寫的作文書，也是以最正統的學習原理編寫的基礎寫作工具書。希望讓作文的學習歷程能透過真正有效而踏實的方法，循序漸進的進行教與學，讓教學者完成師父領進門的責任，同時也讓學習者真正領略自然而然學習的樂趣。作文不但不是可怕的學習領域，更應該是可以快樂學習、樂意學習、陶醉學習的能力培養。本書每一個學習單元的教學設計，都是由點而線而面而立體，井然有序的進階發展，精心安排有機的銜接學習，讓學生自然而然的攀向作文的高峰。

我們會這樣說的理由是：長久以來的基礎作文寫作，大多數是違反寫作的原理原則。在以考試為導向的學習概念下，在求速成、求套路的作文學習經驗中，標準化、答案化的作文學習，自然就走向僵直化、公式化、模式化的死胡同。從小學到高中整整寫了十年，多少人練就了人云亦云、一成不變、毫無生命的作品。

這一套書可以視為作文啟蒙書，適合國小生、國中生乃至於高中生，第一次想正規學作文的敲門磚。我們的教法遵循古法，完全像各類專門技藝技術的養成與學習一樣，找出咱們老祖宗教與學共通的原理原則。一步一步來，像走路一樣，從邁出第一步起，就完全不落空。比起台灣五、六十年來長期忽視「培養寫作力」的正常學習，這一套書是正規的作文學習之路；像習武之人，沒有站穩樁，沒有蹲好馬步，就算苦學武功祕笈，最後練出來的，不過成了花拳繡腿，這就是任何技能都講究科班出身的關鍵。

● 五大學習單元，循序漸進

相較於相沿成習的作文教學，大多放在和應試作文做結合的學習方式，這一套書採用「細部拆解」的教法，其實正面來說，這是十分正統也十分傳統的概念，它是有步驟、有次第、有秩序，循序漸進的有效學習方法。

基礎訓練篇分成五大部分：分別是語文表達訓練篇、觀察力訓練篇、運思訓練篇、章法訓練篇、修辭訓練篇等等。語文表達訓練篇，是中小學生的初體驗，讓「語文表達寫作」與「文學表達寫作」做簡單的區隔，呈現不同的面貌，從小就能有簡明的區分。十二年一貫的寫作要求，最後會落實在大考學測的國語文寫作能力測驗，這是高國中小第一線教師不可不察之處。語文表達能力訓練的系列計畫學習，將來另闢專書做系統化、精實化的編寫。

《起步走笨作文》分為兩冊，主要是給家長和老師教學用的作文啟蒙書，所以會特別提出由家長親自教作文，這是本書的真誠呼籲。這本書希望家長分擔作文教學的角色，這套書標榜父母可以教子女、祖父母可以教孫子孫女、哥哥姊姊可以教弟弟妹妹，文字簡單、明白、扼要、淺顯，看了就會教。如果學生在家裡已經打底，學校老師會輕鬆很多，不能什麼都推給老師，自己的孩子自己要用心打基礎，任何基礎的知識學習都應該如此；至於國語文老師就更不在話下了。

《起步走笨作文：基礎訓練篇》涵蓋語文與文學寫作的總括式學習與訓練。以下提供如何使用這本書，讓老師父母作教學參考。

一——語文表達訓練篇

(一)學習主題　為這個學習單元做簡明扼要的定義。

(二)寫作要訣　從實際引導寫作的策略，提出具體明白的寫作要訣。

(三)表現技法　循序漸進的提供學習的階梯，踏踏實實的由淺入深。

(四)原則歸納　有必要時，會列出原則歸納與注意事項，做最後的總括說明。

(五)寫作起步走　根據單元主題，進行實兵演練。精選代表性例題，提供參考習作。

二——觀察力訓練篇

(一)學習主題　引導學生運用各種感官的觀察與感覺，培養基礎寫作力。

(二)能力培養　安排主題訓練，有效的要求運用感官寫作，力求具體落實。

(三)寫作要訣　引導現場觀察，以大自然與生活各個面向，做真實的操作。

(四)表現技法　精心歸納，以實境的體會，結合佳作欣賞，進行厚實培養。

(五)寫作起步走　根據觀察，安排設計，進行體驗式寫作，並提供參考習作。

三——運思訓練篇

安排運思的步驟：依據拆解寫作的策略，分成審題、立意、構思、選材、結構(布局)、寫作順序、文章線索、想像力、聯想等等章節。大體根據相似的教學原則，按圖索驥，進行教學設計。這是培養一篇文章的大架構訓練，必須按部就班學習，一步一步打底，寫不好重來，寫不周全，再一遍，不要馬馬虎虎帶過。在我個人指導學生的經驗中，特別講究審題、立意、構思、選材、結構(布局)等等的分項運思訓練，例如：審題我就教了一週，臚列各種文體代表性的題目，從零開始，一次到位。教學者可以根據不同的對象，一步一步教。

四——章法訓練篇

章法訓練篇包括開頭訓練、開展訓練、過渡訓練、照應訓練、結尾訓練等單元，其中開頭訓練和結尾訓練各分成兩個部分。章法訓練其實就是文章的骨架訓練，鍛鍊與強化文章的骨骼。簡言之，就是開頭、正文、結尾三大部分。

文章的開頭要像「鳳頭」，小而美，美麗動人，第一瞬間就要吸引讀者的目光。開頭訓練旨在培養如何對讀者產生高度的吸引力。文章的正文（就是中幅，指中間的幾個段落）要像「豬肚」，力求琳瑯滿目、踏踏實實、多采多姿。文章是不是言之有物？要看正文的寫作表現成不成功。文章的結尾要像「豹尾」，精采亮麗、結實有力，和開頭、正文前後結合，做完美的收束，才算是一篇文章好的結尾。

五——修辭訓練篇

修辭是文章的化妝師，其實是歸納前人成功運用文字的規律，達到自然而美化的特定修辭效果。這種規律就是我們常說的修辭法。基於寫作文辭表現的需求，這本書選定譬喻、象徵、誇飾、示現、擬人、映襯、排比、層遞等八種最常用的修辭格，提供初學者修辭的增能訓練。

本單元大體分為學習主題、內容、方法、習作等等，特別要強調修辭訓練篇的學習內容非常多元，各個單元的例子都非常鮮明豐富，值得一次又一次學習。「寫作起步走」提供若干參考習作，值得欣賞與仿作。

笨作文標榜的「笨」，就是把作文該會的每一個環節，都結結實實的打好基礎，做好笨作文蹲馬步的基本功。

● 結語

《起步走笨作文：基礎訓練篇》主要學習重點在運思與章法的「寫作大原則」訓練，其次是「寫作細微處」的觀察力訓練和修辭訓練。至於「語文表達訓練」，是希望讓初學者第一次探索作文，就能分別什麼是語文表達能力？它與社會人生結合的實用性寫作，和傳統作文所標榜的文學表達能力是不同的。

國家圖書館出版品預行編目（CIP）資料

起步走笨作文：基礎訓練篇 / 林明進作. -- 第一版. -- 臺北市：遠見天下文化, 2020.06
面；　公分. -- (教育教養；BEP51)
ISBN 978-986-479-959-6(平裝)

1.漢語教學 2.作文 3.寫作法 4.中小學教育

523.313　　109002885

教育教養 BEP 051

起步走笨作文

基礎訓練篇

作者 — 林明進

總編輯 — 吳佩穎
副總監 — 楊郁慧
責任編輯 — 許景理（特約）、楊郁慧
美術設計 — 陳文德（特約）
內頁排版 — 蔚藍鯨（特約）

出版者 — 遠見天下文化出版股份有限公司
創辦人 — 高希均、王力行
遠見・天下文化・事業群　董事長 — 高希均
事業群發行人／CEO — 王力行
天下文化社長 — 林天來
天下文化總經理 — 林芳燕
國際事務開發部兼版權中心總監 — 潘欣
法律顧問 — 理律法律事務所陳長文律師
著作權顧問 — 魏啟翔律師
社址 — 臺北市104松江路93巷1號
讀者服務專線 — 02-2662-0012｜傳真 — 02-2662-0007；02-2662-0009
電子郵件信箱 — cwpc@cwgv.com.tw
直接郵撥帳號 — 1326703-6　遠見天下文化出版股份有限公司

製版廠 — 中原造像股份有限公司
印刷廠 — 中原造像股份有限公司
裝訂廠 — 中原造像股份有限公司
登記證 — 局版臺業字第2517號
總經銷 — 大和書報圖書股份有限公司｜電話 — 02-8990-2588
出版日期 — 2020 年 7 月 6 日第一版第三次印行

定價 — NT 380 元
ISBN — 978-986-479-959-6
書號 — BEP 051
天下文化官網 — bookzone.cwgv.com.tw